PHP
Business Shinsho

下剋上の時代を生き抜く

# 即戦力の磨き方

Kenichi Ohmae
大前　研一



PHPビジネス新書

# はじめに

若い人たちの所得格差問題が、マスコミをはじめ政治の世界でも喧《かまびす》しい。いろいろな対策が検討されているが、これは時代の趨勢だから流れは変わらないだろう。成果主義の導入などで、収入格差は開きこそすれ、縮まることはないのではないか。

私はその人の生み出す付加価値によって、これからは一〇〇倍の格差が当たり前になると考えている。詳しくは本文に譲るが、同じ大学を出ても、二十年経った四十五歳の年収では、五億円から五百万円の差がつくということだ。単純作業や業務処理をするだけの人は、世界標準で見ればせいぜい年収二百万円が相場で、フリーターなどアルバイト生活となれば、それ以下になるのは必至だろう。

日本のビジネスパーソンも、いつまでも居心地のいい会社に勤めて、ぬるま湯に浸かってはいられない。あなたの会社が、定年まで面倒を見てくれる保証はないし、国が年金で老後の面倒を見てくれるかどうかも疑わしい。今後すべてのビジネスパーソンは、いまの会社や国がどうなろうと、自分の力で生きていける能力を身につけなければならない。そのトレーニングを一刻も早く始めることだ。それが「即戦力」「実戦力」を磨くということである。

本書では、序章で一連のホリエモン騒動がこれからの時代に何を残したのか、これからどう変わっていくのかを、その功罪を織り交ぜて分析した。また、即戦力の「三種の神器」と名づけた「語学力」「財務力」「問題解決力」の磨き方を第一章から第三章で解説した。さらに、日本のビジネスパーソンに欠けている勉強法について第四章で紹介し、会議でのディスカッション能力の身につけ方について第五章でまとめた。最後の終章では、世代別にこれからでも取り組める人生設計の考え方について提案した。何歳からでも遅くないし、いまから始めれば、必ずあなた自身は変われる。みんなが変われば日本も変われることは間違いないのだ。

私はこれまで政策市民集団「平成維新の会」を設立したり、人材発掘・育成の場として「一新塾」を起こした。また、起業家養成のための学校「アタッカーズ・ビジネススクール」や「ビジネス・ブレークスルー」を事業として拡大させてきた。最近では、「ビジネス・ブレークスルー大学院大学」を開講している。これらの活動のすべてが、この国をよくしたいとの思いと若い人たちにこれからの厳しい時代を生き抜く力を身につけてもらいたいとの願いからきている。

ぜひ、本書を参考に自分を磨いて、これからの時代を逞しく生き抜いてもらいたい。

二〇〇六年三月

大前研一

# 即戦力の磨き方◎目　次

## 第二章　「財務力」を磨く



## 第三章　「問題解決力」を磨く

## 第四章 「勉強法」を身につける

## 第五章 「会議術」を身につける



## 終章 人生設計は自分でやるしかない

編集協力　山口雅之

序章

# 下剋上の時代

## ○ホリエモン騒動が残したもの

二〇〇六年の年明け早々、ライブドアに東京地検特捜部の強制捜査が入ったと思ったら、一週間後には堀江貴文社長ら幹部四人が逮捕された。この一連の騒動は、何を意味するのだろうか。

〇四年、近鉄バファローズ（当事）の買収に手を上げて以来、一躍時代の寵児として日本中から注目されるようになったホリエモン。彼は、六本木ヒルズからあっという間に塀の中の住人と相成ってしまったわけだが、さすがの彼もこの顚末《てんまつ》ばかりは、想定外だっただろう。

一方、それまでホリエモンを散々持ち上げてきたマスコミは、ここぞとばかりに態度を変え、ホリエモンバッシングに回った。同時に小泉首相の旗印である構造改革も槍玉に挙げられている。行き過ぎた規制緩和がホリエモンのような「カネがあればなんでも買える」などという、とんでもない若者を生み出してしまったというわけだ。

私は、ライブドアが時間外取引でニッポン放送株を三五％入手したのを知って、すぐに証券取引法一四一条に抵触するのではないかという論文を雑誌に発表した。あんなことがまかり通るなら、誰だってすぐに大金持ちになれると思ったのは、私だけではないはずだ。だが、たとえそう思っていても、誰もやらなかった。時間外取引とはいたずらに市場を混乱させないために定められたルールであって、抜け駆けのためにあるのではないと、市場に関わる人間は皆知っていたからにほかならない。なぜ証券取引等監視委員会が問題にしないのか、なぜ金融庁が誰から買ったかわからないなどというライブドア側の説明を認めたのか、私にはとうてい理解できなかった。

フジテレビ騒動が収まると、彼はすかさず自分が保有していたライブドアの株式四千万株を売却し、百四十二・八億円のキャッシュに換え、宇宙旅行などといい始めた。それを見て私は、「ああ、もうホリエモンは、本業ではファイティング・ポーズをとらないのだな」と判断した。

私はこれまで、世界中のそれこそ何百人もの経営者に会ってきたからわかるのだが、企業のリーダーとは、常にリスクと背中合わせなので、気持ちの休まる暇などないのが普通である。会社や経営に対するよほどの情熱を持ち合わせていなければ、とてもじゃないが務まるものではない。ましてやライブドアは、表の顔はネットベンチャーでも、真の姿は企業買収。それもＩＴとは関係のない業界の、とても一流とはいえない企業ばかりを買いあさって、さも会社が繁栄しているように見せる地上げ屋のような手法で株価を吊り上げ、高いＰＥＲ（株価収益率）を維持していただけだから、一瞬たりとも走るのをやめれば、会社の価値はあっという間に暴落してしまう。そんな綱渡りのような経営で、しんどい思いを続けるより、すでに十分稼いだカネをポケットに突っ込んで、敵前逃亡するつもりだなと私は踏んだのだ。事実そういう経営者も、たくさん見てきている。

ホリエモンもいまとなっては、さっさと逃げ出して、テレビタレントにでもなっておけばよかったと思っているのではないだろうか。結局のところ、経団連が三顧の礼で迎え入れるような経営者の器ではなかったということだ。

もしライブドアが、エンロンやワールドコムのような企業犯罪に手を染めていたのだとしたら、同情の余地はない。犯した罪は甘んじて償うべきだろう。

ただし、彼は単に時代の徒花《あだばな》だったとか、時流に乗って儲けただけという言い方は当たらない。私はホリエモンの功績は功績として、きちんと評価すべきだと思う。

## ○ヒルズ族が下剋上の時代をもたらした

人気凋落のプロ野球が窮余の策として、一リーグ制の導入をオーナーの談合で決めようとしていたとき、忽然《こつぜん》と現われたのがホリエモンだった。

公式の場でもTシャツ姿で悪びれたふうも見せず、口を開けば「下積みなんか必要ない」「カネさえあればなんでも買える」、そのうえ、ライブドアという会社も何をやっているのかよくわからない。この得体の知れない若者を、最初はお茶の間も胡散《うさん》臭い目で眺めていたし、マスコミもおもしろがりはしても、決して好意的には扱っていなかった。

しかし、世間の風向きが反感から支持に変わるまで、わずか三ヵ月しかかからなかった。

きちんとネクタイを締めて、カメラの前では建前の言葉しか喋らない、ただただ秩序を重んじる旧世代より、「ボクのほうがナベツネより資産を一〇〇倍持っている」と、カメラの前でうそぶく人間のほうが、いまの時代は魅力的であるという事実に、多くの日本人が気づいてしまったのだ。

秩序など関係ない。力があれば若くても、一気に頂点まで駆け上がれる。その点では、経営もまたスポーツや芸術の世界と同じで、若き天才は世界を感動させることさえある。ただし、スポーツにはルールがあり、芸術や音楽では本物とニセモノの識別が容易である。経営も市場に透明性があれば同じことなのだが、会計監査や取締役会、東証、証券取引等監視委員会など、どれをとってもいまの段階では「霧の中」としかいいようがない。

二一世紀は下剋上の時代だということを、身をもって教えたのは、間違いなく堀江貴文という人間の、いちばんの功績だと私は思っている。

さらにニッポン放送株の取得と、その後のフジテレビ買収を巡るバトルでは、会社の規模は地方のスーパーと変わらなくても、時価総額がPER五〇倍や一〇〇倍になれば、苦もなく七百億円もの現金を調達できるという、かつて私が『新・資本論』（東洋経済新報社）に書いた「マルチプル経済」の威力を世間に知らしめてくれた。

また、そのバトルが連日ニュースやワイドショーで報道されると、家庭の主婦までがTOB（株式公開買い付け）やMBO（経営権の買い取り）といった専門用語の意味を知るようになった。そうした株式市場に対する関心の高まりが、多くの個人投資家を生み出すきっかけになったことも忘れてはいけない。

このホリエモンだけでなく、楽天の三木谷浩史氏や、村上ファンドの村上世彰《よしあき》氏といった「六本木ヒルズ族」には、それまでの常識があてはまらないやり方で旧秩序に立ち向かってきたという共通点がある。そして世間はそんな彼らの姿を見るにつけ、時代は変わったのだという思いを深めてきた。彼らは幕末の動乱期に現われ、旧体制を打破し、明治維新への引き金を引いた志士の役目を、この時代に担ったといったら言い過ぎだろうか。

実際ホリエモンは著作で、自分の先を行く孫正義氏を志なかばで力尽きた坂本龍馬、自分は新政府でも力を発揮する伊藤博文になぞらえている。だが残念ながら、後半の部分を彼は間違えていた。私にいわせれば、彼もまた坂本龍馬だったのである。

私は今回の逮捕以前から、彼も含めヒルズ族は、維新を先導しても維新後までは生き残れない、坂本龍馬のような運命をたどるだろうと、月刊『文藝春秋』などで書いてきた。

そして最終的に堀江前社長は逮捕。三木谷氏はＴＢＳという実体経済に色気を出し、一千百億円も投資したが回収できるかどうか目処がたっていない。村上氏も阪神電鉄の株を五〇%近く買い占めたもののしょせんグリーンメーラー(企業に高値で株を買い戻させること)、自らは経営能力がないので、うまく売り抜けられなければ大損する可能性が高い。

旧体制に風穴を開けるという役目を終え、彼らの出番は、明らかに終わりに近づいている。どうやら私の予言は、杞憂《きゆう》には終わらないようだ。

それでは彼らの次に来るのは誰か。それは歴史が教えてくれる。そう、幕藩体制なき後の日本に、明治政府という新秩序を打ち立てた、伊藤博文や大隈重信、福沢諭吉の役割を担うことができる人間だ。

ライブドアが脚光を浴びていたころは、私の経営するビジネス・ブレークスルー(BBT)大学院大学でも、学生に将来どんな経営者になりたいか尋ねると、ホリエモンという答えが返ってきた。だがホリエモンではもうダメなのだ。これからはホリエモンたちが破壊してくれた土地を地ならしして、そこに新しいモデルを自分で構築できる経営者であり、ビジネスパーソンでなければならない。

それがこの本でいうところの「即戦力」「実戦力」というわけだ。

## ○世界標準は日本より二十年早い

私は仕事柄、年中いろいろな国を飛び回っているが、世界広しといえども、日本のビジネスパーソンほど危機感を持たない「極楽トンボ」も珍しい。

成果主義の時代だといってもまだほとんどの日本人は、学校や会社を、乗り方さえ間違えなければ自動的に上がっていくエスカレーターのようなものだと思っている。そのエスカレーターが、いままでなら四十代で課長、五十代で部長のところまで運んでくれるのが当たり前だったのに、最近ではポスト不足や業績悪化のあおりを受け、その当たり前が当たり前でなくなってきた。それで勝ち組だ、負け組だと騒ぎ始める人が増えたのだ。

日本の会社しか見ていなければ、それは大問題だろう。だがエスカレーターが世界に通用する常識だと思ったら大間違いだ。

たとえば、アメリカにはいい会社に入りさえすれば、黙っていても出世していい生活ができると思っている、そんな能天気な人は一人もいない。彼らにとっての常識は、二十代のうちにビジネススクールに通って、まずＭＢＡ（経営学修士）を取り、エグゼクティブが集まるパーティに参加し、そばにいる人に話しかけて自分を売り込むことなのだ。若いうちからなぜそんなに積極的なのだろうか。

彼らアメリカのビジネスパーソンは、三十代で完成することを念頭に置いているからにほかならない。三十五歳で社長をやり、四十代でその会社を売ってカネを手にしたら、引退してカリブ海で暮らす。このアメリカン・ドリームを達成することが、多くのアメリカ人ビジネスパーソンにとって究極の目標となっているのだ。

実際私が見たかぎりでも、アメリカのビジネスパーソンには、三十代ですでに完成の域に達している人が多い。優秀な人なら三十代でどこかの社長を経験しているのが当たり前、そうでない人はたとえ四十代になっても社長は務まらないと判断されるのが、アメリカのビジネス界である。最近ではドイツでも同じような傾向が見られ、早くから世界のどこでも勝負できるようにと、経営と英語に磨きをかけるようになった。

もっとすごいのがインドだ。日本の国技が相撲なら、インドの国技は「勉強」といってもいいくらい、誰もが自分を磨くことに余念がない。なぜなら製造業の基盤が弱いインドでは、勉強して実力をつけ、サービス産業のプロフェッショナルになる以外、世界で生き残ることができないと、皆知っているからだ。

　だから大学を卒業したら世界で活躍することをにらんで、欧米やオーストラリアのトップクラスの大学院に留学する人が多い。ところが、インド人の知的能力は高すぎて、そのまま受け入れると学校の定員がインド人だけで埋まってしまうという事態にもなりかねない。そこでインド・ディスカウント・ファクターといって、インド人の成績は六掛けで見るなどという学校もあるくらいだ。

　もっともインド人は自己主張もものすごくて、応募書類に皆自分のことを希代の大天才のように書いてくるから、その意味でもインド・ディスカウント・ファクターが必要なのだが……。

　インド人の場合、四十代で引退してカリブ海でのんびり暮らしたいなどという個人的なことより、むしろサティヤム・コンピュータ・サービスのラマリンガ・ラジュのように、最終的には自国に産業を起こし、雇用その他でインド最大の問題である貧困を解決するという高い志が、仕事のモチベーションになっている人のほうが多いようだ。いずれにせよ、若いうちは欧米企業で働く人間が多く、ビジネスパーソンとしては三十代で完成するのも、アメリカ人と同様である。

その他の国でもビジネスパーソンは、だいたい三十代で一人前と見なされるし、三十代で完成するというタイムスケジュールで、多くの人は働いていると考えていい。

つまり、これが二一世紀の世界標準時計なのである。

ところが、日本人だけはなぜか、五十歳を過ぎてようやく事業部長を任せられるのが常識だと思っている。しかも、大きなチャンスを与えられない三十五歳から五十歳までは、ろくに勉強もせず、ひたすら社内営業という不毛な活動に励む。私はいまから三十年前にこれを「魔の十五年」と名づけた。この十五年の間に、若いころ持っていた自分なりの意見や向上心が失われ、見事にサラリーマンとしての染色体ができあがるのである。そして五十代になると、挑戦することより、残りの会社人生をいかに安全運転で乗り切るかで頭がいっぱいの事業部長が生まれてしまうのだ。

それはあなたの会社では常識かもしれないが、世界のなかではきわめて異常な光景である。そしてこのグローバルな時代に、時間軸が二十年もずれている環境にいるというのは、ビジネスパーソンとして致命的なことなのだ。

しかし、なぜ日本だけが、ほかの国と二十年も時間差ができてしまったのだろうか。実は日本も戦後しばらくは、三十代がビジネスの第一線で活躍する時代があった。松下幸之助が事業部制を敷いたのも三十代だし、藤沢武夫が本田宗一郎と出会ってホンダの常務になったのも三十代、盛田昭夫にいたっては、井深大《まさる》らとソニーの前身である東京通信工業を二十代で設立している。

ところが、やがて高度成長期になると、先輩社員が主要なポジションをがっちり押さえ、後から入ってきた人間は先輩に仕事を教わりながら、ポジションの空くのをじっと待つというのが会社だということになってしまった。そうこうしているうちに、気がついたら世界から二十年も遅れた仕組みができあがっていたというわけだ。

自分は日本の会社に勤めているのだから、別に世界標準でなくてもいいという考え方は、これからは通用しない。「ボーダレス経済」においてはどんな企業であっても、日本人と日本国内だけで事業や商売を完結させることは不可能だ。いつの間にか企業買収をされて上司が韓国人に代わっていたとか、コンペに参加したら競合に日本企業が一つもなかったといったことは、これからは日常茶飯事となるだろう。

また、仮にまだ日本の常識が通じる、居心地のいい会社に勤めていたとしても、その会社が定年まであなたの面倒を見てくれる保証はない。さらにいえば十年後、二十年後、この国が国民を守ってくれているかどうかも怪しいと思ったほうがいい。

ということは、今後すべてのビジネスパーソンは、いまの会社や国がどうなろうと、自分はどこでだって生きていける生き方をしていかなければならない。厳しく聞こえるかもしれないが、アメリカでもインドでもそれ以外の国でも、ビジネスパーソンはそれくらいの気持ちで働いている。それが常識であり、世界では普通のことなのである。

エスカレーターがこれからもうまく動いてくれるか気を揉む暇があるのなら、隣の階段を全速力で駆け上がれる体力をつけるトレーニングを、一刻も早く始めることだ。

## ○パーソン・スペシフィック（人材次第）の時代

日本の強みはモノづくりなのだから、国はもっと製造業の保護育成に力を入れるべきだという話を聞くと、いったいいつの時代のことをいっているのかと呆れてしまう。

たしかに戦後の日本が、ＧＤＰ世界第二位の経済大国になれたのは、松下電器やソニーのような企業が、国内で生産した高品質で安価な商品を、世界に提供してきたからにほかならない。二〇〇六年、経団連の会長を退くトヨタ自動車の奥田碩《ひろし》会長が、キヤノンの御手洗《みたらい》冨士夫社長を次の会長に指名した際の記者会見でも、御手洗氏が先端技術を開発している製造業の経営者であることを理由の一つに挙げていた。

だからといって、これからも日本はモノづくり国家を目指すべきだという意見や、製造業が堅調なら、経済大国の地位は揺るがないという見方は、いかがなものだろうか。

たしかにキヤノンは、多くの企業が生産拠点を海外に移転するなか、モノづくりの国内回帰を実践してきている。だが、それはキヤノンという世界でも卓越した技術を持った企業ゆえに可能なのであって、他の製造業にこれを見習えというのはあまりに酷だ。

私はむしろこれからは、日本の製造業は国内生産にこだわる必要はない、いやこだわってはいけないと思う。なぜか。同じ品質のものがつくれるのなら、もっともコストが安い、しかも若年人口の豊富な地域でつくれというのが、経済の原則だからだ。

世界規模で分業や適材適所ができるというのが、二一世紀の「ボーダレス経済」の特徴である。それをコメのように国内生産に固執したりすれば、オーストラリアなら一〇kg二百五十円くらいでつくれるものに、日本の消費者は二千五百円も支払わなければならなくなるということが起こるのも当然だ。

生産拠点としての役割を失えば、日本経済が揺らぐのではないかと不安なら、シンガポールを見るがいい。モノづくりは隣のマレーシアやインドネシアに任せて、自分の国はサービス業に特化し、それでいて日本をはるかに上回る経済成長を遂げているではないか。

最悪なのは、「日本は自国でのモノづくりでいまの地位を築いたのだから、いま一度国や産業界が一致団結して、得意な製造業で世界の荒波に立ち向かおう」という、それこそ経団連的な発想だ。そんなことをして弱いものまで無理に生かせば、結局、消費者や納税者にツケが回ってくる。それは経済への冒瀆だし、なにより成熟した市場がそんなことを許すわけがない。

だいたい世界を見渡しても、税金をつぎ込んでよくなった産業など聞いたことがない。

世界三大漁場の一つであるカナダのニューファンドランドは、アトランティック・サーモンで有名だが、海がすぐ荒れるので、漁師の生活がなかなか安定しない。そこでカナダ政府が、週に二日以上漁に出れば、時化《しけ》で海に出られなかった日の収入も保障するという制度をつくったところ、漁師は全員二日しか漁をしなくなってしまった。おかげでカナダではアトランティック・サーモンの漁獲量が激減、チリで養殖したサーモンを輸入する羽目になったのである。

また、ドイツでは失業保険が最高九ヵ月まで出るのだが、誰もが満額をもらおうと九ヵ月間まったく働こうとせず大問題になっている。あの勤勉なドイツ人にしてこうなのだ。

とにかくみんなで力を合わせて、モノづくりで日本をもう一度盛り上げようという発想はやめてほしい。

たしかにキヤノンは製造業だが、苦しいときもリコーと提携しようなどという安易なことは考えなかった。パソコン事業を切り捨て周辺機器に資源を集中したことが、現在の成功の要因だろう。その大英断を下せる人間が、トップにいたことが重要なのである。

だからこの国は、こだわるのならモノづくりではなく、キヤノンの御手洗社長のような人間をつくることにこそこだわるべきなのだ。

しかし、それでは一部の個人や、勝ち組企業だけが栄えることになって、日本経済は弱体化してしまうのではないかと心配する向きは、一度アメリカのシアトルやオースティンに行ってきたらどうだろう。かつてボーイング社の城下町だったシアトルは、いまではすっかり「ビル・ゲイツの街」になっている。オースティンを成長率二〇%というものすごいスピードで人口百万人のテクノポリスに変えたのは、デルコンピュータのマイケル・デル氏だ。

国の繁栄を願うなら、このゲイツやデルのような人材をどうやったら数多く輩出できるかを考えたほうがいい。

実際、アメリカの大統領が経済問題を相談するときは、日本の経団連にあたるビジネス・ラウンド・テーブルではなく、直接ビル・ゲイツ氏やシスコシステムズのジョン・チェンバース氏に電話をするという。

まさに二一世紀はパーソン・スペシフィック（人材次第）の時代なのである。徒党なんか組んでいる場合ではない。日和《ひよ》ったら負けるのだ。

## ○新大陸の掟

坂本龍馬ら勤皇の志士が、突然ふってわいたようにこの国に出現したわけではない。海の向こうの産業革命に端を発した帝国主義の脅威が日本にも迫り、時代の風を読むのに敏感な若者が素早くそれに反応したのである。

同じようにホリエモンたちがいきなり現われて時代を変えたのではなく、彼らは時代が変わりつつあることを嗅ぎ分ける能力があったのだ。これからは昔の日本人みたいにコツコツやるより、こっちのやり方のほうがカネを稼げることに気づき、いち早く行動を起こしたまでのことである。

そう、彼らがスポットライトを浴びる二十年前から、その変化は始まっていたのだ。私はすでにいろいろなところで指摘しているが、それは一九八五年である。

この年、旧ソ連にゴルバチョフ氏が登場して冷戦が終わりを告げ、プラザ合意による円高操作で日本の高度成長が完全に終焉を告げる。そして最大のエポックメイキングなことが、マイクロソフト社の「ウィンドウズ1・0」の発売だ。

これによって世界中のパソコンのＯＳ（基本ソフト）を、ビル・ゲイツ氏が握るようになり、さらに九〇年代にインターネットが爆発的に広がる起点をつくったのである。

私はこの変化をもたらしたゲイツ氏に敬意を表し、八五年以前を「ビフォー・ゲイツ（BG）」、以後を「アフター・ゲイツ（AG）」と呼んでいる。実際この表現が決して大げさといえないくらい、IT化とインターネットの普及した「新大陸」では、経済の有り様が一八〇度変わってしまったのだ。

旧大陸の経済とは、いわば「実体経済」のみで成り立っていたから、ある意味わかりやすく、企業もどうすれば儲かるのか戦略を立てやすかった。ところが「新大陸」ではこの実体経済に、新たに「ボーダレス経済」「サイバー経済」「マルチプル経済」という、それまで見たこともなかった新たな経済が加わり、さらにそれらが複雑に絡み合って非常に複雑な経済空間をつくりだしている。そのためこれまでの常識ややり方がそのままでは通用しないのだ。

まず「ボーダレス経済」で、お金や情報、労働力といったあらゆるものに国境がなくなった。世界のお金がイールド（利回り）の高い地域に流れていくのはいまや当たり前だし、労働賃金の安い中国には、世界中の工場が集まっている。コールセンターのように英語が必要なら、欧米企業は迷わずインドにＢＰＯ（ビジネスプロセス・アウトソーシング）を委託するし、逆にインド人の優秀な医者や経営者は、自国を飛び出し欧米の病院や企業で活躍している。

それから、「サイバー経済」の進展は、スターバックスでコーヒーを片手にした若者が、携帯電話にインストールしたグーグルを使って、世界中の情報にアクセスできる環境をつくりだした。いまや自分のＵＲＬを持ったこの「サイバー経済」の住人は全世界で十億人を超え、現在もすさまじいスピードで増殖中だ。彼らにとって音楽はネットからダウンロードするものだし、写真はデジタルデータにすぎない。その感覚が理解できない企業は、旧大陸でどんなに隆盛を誇っていたとしても、新大陸ではタワーレコードやポラロイドのように淘汰される運命にある。そういえば最近、すべてケータイで書かれた作品が文学賞を受賞して話題になったが、数年後にはそんなことに誰も驚かなくなっているだろう。公園のベンチに座って、むしろ携帯端末で本や新聞を読んでいる姿のほうが普通になるのではないか。

もう一つの「マルチプル経済」は、ヒルズ族の活躍もあって、日本でもここ一、二年ですっかりお茶の間に認知された感がある。個人投資家の急増も、ろくに金利も付かない銀行にお金を寝かしておくくらいなら、株で増やそうというのはある意味健全だといっていいだろう。ただし、マルチプルにはプラスだけではなくマイナスの面もあることや、借金はどこまでいってもマルチプルは一倍だということをわかって臨まないと、つまずいたときは実体経済以上にダメージが大きいことを忘れてはいけない。

とにもかくにも私たちは、こういう時代にすでに足を踏み入れている。これは否定しようがない。古きよき時代に郷愁を感じるのは勝手だが、そのころの成功のルールを繰り返したところで、何の役にも立ちはしない。

目の前には見渡すかぎりの荒野が広がる。どちらに行ったら水があるのか。どの土地が耕作に適しているのか。猛獣や毒蛇はいるのか……、開拓時代のアメリカ人は広大な西部の平原を前に、そんな思いにとらわれたことだろう。もちろんそんなところに、かつて住んでいたヨーロッパのやり方を持ち込んでも、何にもなりはしない。

自ら進むべき方向を決め、自力で道を切り拓き、荒地を耕すことのできる人間だけが生き残れる。これが唯一の荒野のルールなのである。

## ○サバイバーの条件

二〇〇五年に『ザ・プロフェッショナル』（ダイヤモンド社）を出版したときのこと、出版社からは初版三万部と聞いていたのだが、まだ発売もされていないうちから、三万部の増刷が決まったという報告が私のところに入った。どういうことかと尋ねると、アマゾンのレビューを見た全国の書店から、注文が殺到しているのだという。レビューといってもネット上で、目次と、私の顔写真が入った表紙が見られるくらいのものなのに、いったいどういうことなのだろう。今回はよっぽど写真写りがよかったのだろうか。

まあそれもあっただろうが、タイトルの影響も大きい。おそらくこういうことだろう。入社のときには、とりあえずこれで将来の目処は付いたと思っていたのが、ここにきて終身雇用はなくなり、成果をあげなければリストラ、突然会社がグローバル化だ、ITだといい、覚えることが山ほど出てきた。マスコミは「勝ち組、負け組」と無責任に囃《はや》し立てるし、首相の口からも二極化は致し方ないという言葉が漏れる。気がつけばサラリーマンは、かつて植木等が歌ったような「気楽な稼業」では、いつの間にかなくなってしまっていた。

「いったい俺たちは、これからどうやって生きていけばいいんだ」。そう思っていた矢先に、あの大前が、「プロフェッショナル」と言い出したのを知って、「これだ！」と反応した人が六万人もいたのではないかと、私は踏んでいる。同時に、日本人の意識が確実に変わりつつあることを実感せざるをえなかった。

いまの会社でこのまま働いていていいのか。銀行預金や生命保険や家は大丈夫なのか。国は老後の生活を本当に保障してくれるのか。家族を守ることはできるのか。一九八五年から二十年の時を経て、ようやくこの日本でも多くの人が世の中の変化に気づき、それまで自明だと思っていたあらゆる前提を疑い始めたのである。

しかし気づいただけではダメだ。荒野で生き抜く術を知り、身につけなければ、結局は淘汰されてしまうのに変わりはない。そういう意味で私は「プロフェッショナル」を本のタイトルにした。スペシャリストでもゼネラリストでもない、生き残れるのはプロフェッショナルだけだからだ。だから「プロフェッショナル」という言葉に反応した人は、かなり見込みがあると思う。

なぜスペシャリストやゼネラリストではダメなのか。

スペシャリストというのは会計士や弁護士といった、国家資格などに裏づけされた専門家のことだ。あらゆる会計のルールに精通し、間違いなく会計処理を行うことができたり、小難しい法律の条文を理解し味方につけたり、そんな技術を持った人はこれまでの時代なら、たしかに貴重な存在だった。だが現在のアメリカを見渡してみると、会計士の仕事の多くは「クイッケン」という会計ソフトに置き換えられてしまっている。弁護士の業務も、「ファミリーロイヤー」や「ザ・ロー・ドットコム」といった、ネット上の格安法律相談サイトに奪われ、既存の法律事務所は青息吐息だ。それまでは法律相談といえば一時間で二百ドルはざらだったのに、ネットならワンケースわずか十四ドルで済んでしまうのだから当たり前だ。

医療でさえもアメリカで五万ドルかかる心臓のバイパス手術が、インドでは十分の一の五千ドル、しかも成功率は九九・七％と高いので、保険会社がインドで手術を受けることを条件に掛け金の安い保険を設計し、いまでは年間十五万人ものアメリカ人が、メディカル・ツーリズムを利用している。

このように専門的なスキルというのは、ルールが決まっているから、コンピュータや他の人間に簡単に置き換えができる。つまりサイバーでボーダレスな経済下では、もっとも賃金レベルが暴落しやすいのだ。

一方、ゼネラリストのマネジメントや意思決定能力は、業種や職種の違いにあまり左右されないから、スーパー・ゼネラリストを目指すのでもよさそうだが、やはりそういう人たちもいま、壁にぶち当たっている。なぜなら新大陸というのは見えない大陸（インビジブル・コンチネント）だからだ。いくら目の前にある人や組織を上手に操ることができたとしても、それがサイバー社会の全世界に広がる見えない人や組織を相手に通用するわけではない。

要するにスペシャリストやゼネラリストというのは、環境や前提条件がドラスティックに変わってしまったら、その能力は途端に使い物にならなくなってしまうということだ。

だがプロフェッショナルは違う。まったく新しい環境に放り出されても、洞察力と判断力を発揮し、進むべき方向を見つけ自分で道を切り拓く逞《たくま》しさがある。

新大陸で生き残れるのは、そういう真のプロフェッショナルだけなのだ。

### ○松井とイチローにみるプロフェッショナルの証

アメリカ・ポートランド郊外にあるナイキの本社（ナイキ・ワールド・ヘッドクォーターズ）は「キャンパス」と呼ばれ、そこには「マイケル・ジョーダン・ビル」「ジョン・マッケンロー・ビル」「ボー・ジャクソン・トレーニングセンター」といった、ナイキに関わりの深いアスリートの名前を冠した建物が並んでいる。

ご存知のようにナイキというのは、誰が見てもこれぞ真のプロというアスリートしかスポンサードしない。かつて私がナイキの役員を務めていたとき、日本人メジャーリーガーのさきがけとなった野茂英雄選手が、ロサンゼルス・ドジャースで三振の山を築き、新人王を獲得した。そこで彼の代理人が私のところに、ナイキの野茂に対する取り扱いをワンランク上にしろとか、誕生日にはマイケル・ジョーダンと夕食をさせろとか、身勝手な要求をしてきた。野茂は国民的な英雄であるから、私は会長のフィル・ナイト氏にその話をしたところ、彼は首を縦に振らなかった。

ナイキが会社をあげてスポンサードするのは、最低でも五年間は、世界のトップ5以内で活躍できる選手であり、「野茂はまだ未知数」というのが、フィル・ナイト氏の意見だった。また、彼は「本物は十年、十五年もトップの座に君臨し続けるものだ」ともいった。

その後の野茂の成績を見ると、彼があそこで即断しなかったのは、正しかったと認めざるをえない。野茂はたしかに潜在能力は際立っているし、フロンティア精神もあるが、残念ながら好不調の波が大きく安定感に欠ける。そういう意味ではプロフェッショナルというより、環境とマッチングすれば活躍するスペシャリストなのだろう。

野茂が扉を開けて以降、日本の主に一流といわれるプロ野球選手が、続々と海を渡ってメジャーリーグに挑戦したが、日本にいるときほどの活躍ができた選手はほとんどいない。結局彼らは、日本の野球界でのスペシャリストにすぎなかったのだ。

その点メジャーデビューの年から毎年期待に違わぬ成績をあげ続けるイチロー選手と松井秀喜選手には、「ザ・プロフェッショナル」の称号を与えてもいいだろう。この二人はメジャーという新しい環境に置かれた際、どうすればそこで生き残れるかを考え、見事に答えを出しているからだ。とくに松井は日本のスタイルのままでは通用しないと、あっさりホームランバッターの看板を下ろし、確実に打率と打点を残せる打者に変身を遂げ成功した。

この松井のような、必要とあらばそれまでの常識や、たとえ成功体験から学んだ知識であっても、あっさりアンラーン（学習し直す）して、そこからゼロ・ベースで仮説・検証を始められる勇気と柔軟さはすごい。これこそがどんな環境にも色あせないプロフェッショナルの証なのである。

ところが普通の人はなかなかこれができない。とくに古い世界で専門家だったりすると、自分の知識ややり方に変に自信を持っているため、逆に新しい環境の本質が見えずに失敗してしまうのだ。

これはハーバード大学やスタンフォード大学のビジネススクールとて例外ではない。こういったところでは相変わらず、ケース・スタディやマイケル・ポーター氏のフレーム・ワークのような方程式を覚えさせ、そこに事例をはめこんで答えを出すなどということをやっている。ところがフレーム・ワークというのは、しょせん旧大陸でうまくいった企業の共通項を集めたものにすぎない。新大陸で経済のベースが変わってしまったら、そのまま当てはまるはずがないのである。

実際、私が数年前に調査したところ、ハーバード大学がケース・スタディのモデルにしていた企業のうち、半数近くはすでにつぶれるか、合併その他で企業の実体がすっかり変わるかしていた。この事実こそまさに、二〇世紀のルールや法則をなぞっても、二一世紀は成功できないことを如実に物語っているといえないだろうか。

だから私の経営するBBT大学院大学ではケース・スタディやフレーム・ワークのような方程式には重きを置いていない。いままでの常識が何であったのかを教えることは教えるが、主眼はそこから先である。課題だけ与えたらあとは、答えが見つかるまで徹底的に調べさせ、考えさせる。もし方程式が必要だというのなら、「それごと自分で考えろ」というのが私の方針だ。

日本中の大学や企業がこのような教え方をしてくれれば、日本人の基礎学力は決して低くはないのだから、ビジネスの世界にも松井やイチローのようなプロフェッショナルがもっと登場しやすい土壌ができるだろう。だが、そういう動きはいまのところあまり耳にしない。ビジネスパーソンから私のところに来る質問もいまだに、「これからどんなスキルや資格を取れば、勝ち組に残れますか」という域を出ていないものがほとんどを占める。

最近、一部の人がようやく気づき始めたとはいえ、日本人は世界第二の経済大国になるまでは必死の努力をした。が、そのあとは極楽トンボの生活が長かったせいか、全体的に危機感が薄すぎる。私の目には、氷山が確実に近づいてきているのが見えるのに、ほとんどの人はそれに気づかず、毎夜タイタニック号の上で宴に興じているかのようだ。

いい例が日本のホテル業界ではないか。十年前は「御三家」と呼ばれていたホテルオークラ、ホテルニューオータニ、帝国ホテルが、いつの間にかパークハイアット東京、ウェスティンホテル東京、フォーシーズンズ東京という外資の「新御三家」に取って代わられ、いまや売上も収益も人気もベストテン圏外に押しやられてしまった。さらに、これからは六本木ヒルズ内のグランド・ハイアット東京、東京ミッドタウンのザ・リッツカールトン、日比谷交差点のペニンシュラホテルが「新々御三家」になる可能性さえある。まさに御三家というタイタニックが沈むわけがないと高を括《くく》っていたら、外資という氷山の直撃をくらってしまったわけだ。

似たようなことは個人のレベルでも企業のレベルでも、探せばいくらでも見つかるし、今後は国レベルで起こってもおかしくない。

実際、お隣の韓国は、九〇年代後半に深刻な通貨危機という氷山と衝突し、国家がＩＭＦ（国際通貨基金）の管理下に置かれるという屈辱を味わっている。そこで一致団結ではもうダメだと、現代、大宇、三星、ＬＧ、ＳＫの五大財閥を解体し、各企業が単独で世界と戦うようになってから、今度は逆に急激な回復を遂げたのである。

経済の安定がいかに脆いものかということと、危機に陥ったときには国も財閥も頼りにならないことを、身をもって知っているので、あらゆる環境の変化に耐えられるよう個人の力をつけることに、韓国人は非常に自覚的だ。

たとえば、私が名誉客員教授をしている高麗大学は、三年前に改革を行った際、総長の大英断で、「わが校の卒業生の半数は、十年以内に多国籍企業のアジア本部長にする」という方針を明確に打ち出した。そしてそのためには語学力と国際的なマインドの養成が必須だと、授業の半分は英語で行うと定め、さらに新任教授は私も含め、外国で教えた経験のある人だけという徹底ぶりである。

また、私は同じ韓国の梨花女子大学でも名誉教授を拝命しているが、学生の真剣さは高麗大学に引けを取らない。その質問の激しさたるや、時にこの私も戦慄《せんりつ》を覚えるくらいだといえば、どれほどすさまじいか想像がつくだろう。

すでに述べたように、二一世紀はパーソン・スペシフィックの時代だ。世界で勝負できるプロフェッショナルが何人いるかで国力が決まる。韓国でもインドでも北欧でも、すでに国家レベルでその取り組みが始まっている。

ところが、なぜか日本では、フリーターやニートばかりが問題にされて、世界標準のビジネスパーソンを国をあげて育てようという声は聞こえてこない。

税金も潰れるべき銀行や企業の救済や介護、ニート対策、欠陥マンションの住人救済などには派手に投入されるが、世界のどこに出しても通用する人材の育成にはビタ一文出さない。いまの人材で二一世紀に世界で通用するのか、という危機感が国にも学校教育者にもない。日本の最大の危機は、まさに教育や人材育成に人々の関心がなくなったことにあるのではないか、と私は思っている。この十年くらい、私がアタッカーズ・ビジネススクールやビジネス・ブレークスルー（bbt757.com）にほとんどの時間を使っているのは、そうした危機感からである。

国がやってくれないのなら、読者諸氏も自分でトレーニングするよりほかはない。

## ○即戦力に必要な「三種の神器」

プロフェッショナルになるには、真のプロフェッショナルを見て学ぶのがいちばんいい。しかし周囲を見回しても、残念ながらいまの日本の会社では、なかなかプロフェッショナルと呼べるような仕事をしている人には、お目にかかれないかもしれない。

三十代から上は世界標準に比べ確実に二十年遅れているし、「こうやったらうまくいった」という過去の成功体験を拠りどころにしている上司や先輩に学ぶものは、正直なところあまりないだろう。

そうすると、ここで気をつけなければならないのは、即戦力を当座役に立つスキルや資格のように考えていると、将来無用の長物になるものを身につけるために、みすみす貴重な時間を浪費してしまいかねないという点だ。仕事ができそうに見える先輩に倣って、顧客とズブズブの営業を学んだり、せっせと社内人脈の構築に励んでも、突然外資系企業に買収され、新しく来たアメリカ人の上司に「お前は英語で交渉ができるか」と聞かれ、間髪入れず「イエス」と答えられなければ、その人はそこで終わりなのである。

即戦力というのはあくまで、まったく新しい環境に放り込まれても、冷静に本質を見極め、正確な判断や意思決定のできる、プロフェッショナルのことなのだ。

だから周りにそういうプロフェッショナルな人材がいなければ、広く世界を見渡してみるといい。

マッキンゼーからアメックス、ナビスコ、ＩＢＭと、次々違う業種の事業を立て直したルイス・ガースナー氏。ＣＮＮの創始者であるテッド・ターナー氏。インドの小さな鉄鋼会社からスタートして、ロシアや東欧、中国などの、歴史博物館にでも飾ったほうがいいような鉄工所を買収しては、近代化を施すということを繰り返し、ついに粗鋼生産量で世界一に上り詰め、さらに二位のアルセロールまで傘下に収めようという、まさに飛ぶ鳥を落とす勢いのミッタル・スチールを率いる、インド出身のラクシュミ・ミッタール氏。インドにはほかにもサティヤム・コンピュータ・サービスのラマリンガ・ラジュ氏や、ウィプロ・テクノロジーのアジム・H・プレムジー氏、インフォシスのナラヤナ・ムルティ氏やナンダン・ニレカニ氏もいる。

ビジネス界のプロフェッショナルというのは、こういう人たちのことをいうのだ。

そして日本にも四百回以上も渡米を重ね、北米に市場を築いたソニーの盛田昭夫氏や、二十年以上かかってインドとハンガリーでトップシェアを獲得したスズキの鈴木修氏のような筋金入りのプロフェッショナルがいる。

そういう人たちが共通して持っている資質や能力を、同じように身につけることができれば、それがプロフェッショナルになるいちばんの早道ということだ。

私自身は、語学力、財務力、問題解決力の三つが鍵だと思っている。もちろんこれだけというわけではないが、この三種の神器があれば、まず世界のどこに行ってもある程度通用する。つまりプロフェッショナルを名乗る最低条件というわけだ。

逆にこの三つの能力が備わっていないまま、日本でサラリーマンをやっている人は、世界レベルで比較した場合、間違いなく分不相応、いや法外な報酬を得ていると思って間違いない。業務処理をするだけのホワイトカラーは、世界標準で見ればせいぜい年収二百万円が相場なのだ。

昨今マスコミでも、経済格差の問題が取り上げられることが多くなったが、これは時代の趨勢《すうせい》だから、この流れはおそらく止められまい。同時に成果主義の浸透などで、今後はサラリーマンの収入にも大きな開きが出てくるだろう。

具体的にはその人の生み出す付加価値によって、一〇〇倍の格差が当たり前になる。つまり、同じ大学を出ても、二十年経った四十五歳の年収では、五億円から五百万円の差がつく可能性があるということだ。職種によっては、二億円から二百万円というレンジのものもある。年収五百万円ならまだいい。いわれたことしかできない単純作業の仕事は、これからどんどんインドや中国に移っていくから、なんの努力もしない人の年収は、二百万円まで落ちるということだ。倒産やリストラで職を失ってアルバイト生活となれば、それ以下になるのは必至だ。

サラリーマンといえど、これからは実力に見合うだけの収入しか手に入らない。これもまた新大陸の厳しい掟なのである。

第一章

# 「語学力」を磨く

## ○語学力とは英語のこと

語学力、財務力、それに問題解決力、この三つが即戦力のプロフェッショナル人材として必要な三種の神器である、と私は長年主張してきた。また、ＩＴを駆使できることも必須条件である。

このうち私がとくに問題だと思っているのは、語学力だ。日本人は語学に関しては、世界水準どころか、入り口にも立っていないというのが、広く世界を知る私の偽らざる感想だ。世界経済がボーダレス化しているという認識が、日本人はあまりにも低すぎるのである。

日本企業に勤めているから日本語だけできればいいという人には、日産自動車のトップはどこの国の人間なのかと問いたい。

トヨタ自動車が日本を代表する企業だといっても、それは本社が愛知県豊田市（いずれいま建設中の名古屋駅前ビルに移る計画がある）にあるというだけで、実際、車の部品は世界中でつくっているし、それらを組み立てて完成品にする工場だって世界各地にある。だから大学を出てトヨタ自動車に就職しても、勤務地は日本国内とは限らない。中国工場でプロジェクトを任せられるなどということが当然出てくる。そうなれば、部下は当然北京語やマレー語を母国語とする人たちだ。日本語しかしゃべれなければ、彼らとはコミュニケーションがとれないから、そういう人は国内で事務処理をやるくらいしか道はなくなってしまう。それでもいいのかということだ。

ただし、私は「国際化された社会を生き抜くために、すべてのビジネスパーソンは中国語とスペイン語とフランス語とドイツ語をマスターせよ」などといいたいわけではない。そんなことをいったところで、そのとおり実行できる人が、日本にいったい何人いるというのだ。

また、語学力というと「これからは何語がスキルとしていちばん市場価値が高いのでしょうか」と聞いてくる人がいるが、そういう人はスペイン語だと私がいえば、今日からスペイン語を必死に勉強して、一年後にはスペイン語でビジネスができるくらいになっているのだろうか。

だったら南米のアルゼンチンやメキシコでは戦力になるかもしれないが、それくらい根性のある人なら、とっくに自分でマスターしていることだろう。

私のいう語学力とは、ズバリ英語のことだ。市場価値といえば英語くらい市場価値の高い言語はないし、ビジネス上の意思疎通が、日本語と英語でスムーズにできるなら、ほかの言語にまで手を広げる必要はまったくない。仮に部下の母国語が北京語やマレー語であっても、指示は英語で出せばいい。現地の部下だって必死で英語を勉強しているはずだ。とくにいま、韓国や中国は英語学習ブーム。あと何年かすれば、英語で彼らとコミュニケーションができるようになるに違いない。私は韓国の二つの大学で（名誉）教授を拝命しているが、最近では英語でジョークをいってもすぐにドッと反応するまでになっている。日本の大学ではとてもこうはいかない。

基本的に英語さえ話せれば、世界中のどこの国、どんな人種の人とも、問題なく商売ができる。なぜなら英語というのは、二一世紀のエスペラント語だからだ。

ご存知のようにエスペラント語というのは、一八八七年にポーランドのL・L・ザメンホフが、国際的な相互コミュニケーションを円滑に行うという目的で考案した人工語のことだ。一六ヵ条の簡単な文法規則と、一字一音の発音など、非常に機能的で習得しやすい言語だったが、表現が難しいなどという問題以前に、誰も現実には使っていないというハンディがあり、結局国際語としての地位を獲得するまでには至らなかった。

しかし、国際語の必要性は当時多くの国が感じており、とくにフランスは、自国の言葉が国際語になれば、外交や通商の際もこのうえなく有利だと、政府支援のもと、世界中にアテネ・フランセをつくるなどして、フランス文化とフランス語の伝播《でんぱ》を図った。その甲斐あって一時はフランス語が外交用語として優位を保ったものの、やはり定着はしなかった。

第二次世界大戦が終わると、瞬く間に英語が世界を席巻し、国際語として認知されてしまったのである。

しかも二〇世紀後半、インターネットが世界を網の目のように結ぶようになってからは、その地位はもはや不動のものとなったといっていい。ある試算によれば、インターネットで使用される言語の八割、蓄えられている情報の七割が英語なのだそうだ。

今後もあらゆる分野で、英語が世界の共通言語として使われ続けるのは間違いない。だから語学に関しては、とりあえずビジネスに支障のない程度の英語力を身につけておけばなんとかなる。逆にそのレベルの英語力もない人は、ボーダレス経済からは完全にスポイルされるだろう。

## ◯英語は儲かる言葉

しかし、エスペラント語やフランス語が目指して叶わなかった国際語の地位を、なぜ英語はいとも簡単に奪うことができたのだろうか。

それは第二次大戦後、経済力、軍事力ともに世界ナンバーワンを誇るようになったアメリカの公用語が、英語だったからだ。といってもアメリカはフランスのように、英語を人為的に国際語にしようと働きかけたわけではない。むしろそうなるべくしてなったといっていいだろう。要するに経済合理性が働いて、世界が超大国アメリカの国民が話す言葉を、国際語に選んだのである。

どうも言語というのは、人為的に操作しようとしても、うまくいかないものらしい。それより放っておくと、人は自然に「儲かる言語」を選択するようなのだ。

いい例がカナダである。カナダ連邦は英仏二言語主義を、法律で定めている。だが実際にフランス語を公用語としている州は、ケベック州（フランス語のみ）、ニューブランズウィック州（フランス語と英語）の二つしかない（オンタリオ州とプリンスエドワードアイランド州では、フランス語の使用と表示を州法が規定している）。なぜか——。コストがたいへんなのである。

たとえば、首都オタワのあるオンタリオ州には、フランス語を話す州民はたったの五％しかいない。それなのに州法が英語とフランス語の併用を義務付けているので、行政や司法の発行する文書や、交通標識など、公のものはすべてバイリンガル表示、また公共機関にはフランス語の職員を、常に一定数配置しなければならない。これらを行うために州は膨大な費用を負担せねばならず、それが州の財政を確実に圧迫しているのだ。

しかも、そうやって余計な予算を使ってまで、フランス語を英語と同等に扱っても、カナダはアメリカの経済圏にあるから、結局ビジネスとなると、人々は英語を使わざるをえない。かくしてフランス語を使う人はどんどん減っていく。

それで現在ではブリティッシュコロンビアのように、フランス語は公用語だが、マイノリティ言語なので学校で教えなくてもよいとする州が増えてきているのである。言語はだいたい二世代で完成するから、今世紀中にカナダの公用語は、ケベックを除いて、英語に統一されることになるだろう。

また、このケベック問題をフランス系住民の多いルイジアナ州で抱え込まなかった理由は、法律ではなく自然体で行ったからだ。人々は、言語に関しては合理的な判断をするものなのだ。公用語とか法律上の論争になると、愚かな選択が強制されることになる。そうすると禍根が何世代にもわたって及ぶのだ。

アメリカとの関係が深いイスラエルでも、言語に関してはカナダと同様の傾向にある。イスラエルの公用語はヘブライ語とアラビア語なのだが、アメリカナイズされた若者にとって、すでに英語は日常語となっているから、ここもいずれ英語圏になるのは間違いない。

アイルランドは現在、第一公用語は「ゲーリック」と呼ばれるアイルランド語で、第二公用語が英語となっている。だが、いまではゲーリックを話す人は、地方都市の中高年層の一部に限られ、ほとんどの国民が英語を話すようになってしまった。これは一九九〇年代の終わり頃から、国をあげて取り組んでいる「e-HUB」構想が成功し、欧米のコールセンターが続々と進出してきたからにほかならない。

これによってアイルランドは「ケルトの奇跡」といわれる経済成長を遂げるのだが、このときもしゲーリックにこだわっていたら、アイルランドは相変わらず弱小農業国家のままだったろう。技術力があって、英語が話せる労働者が豊富だったからこそ、欧米の投資を集めることができたのである。

このように言語というのは、民族のアイデンティティの根幹に関わるものではあるが、優先されるのは結局、ビジネスで利用できる「儲かる言葉」なのだ。

当のアメリカからして、そうではないか。ルイジアナ州はフランス語、テキサス州はスペイン語、ハワイ州はポリネシア語、アラスカ州はロシア語という具合に、さまざまな言語を持つ民族が一緒になってできた国のはずだが、いつの間にか、国家が強制したわけでもないのに、自然と英語に統一されていった。これは、アメリカで仕事をするなら英語がいちばん有利だと、多くの人が感じたからである。言語に関しては、バルセロナ（スペインのカタロニア自治州）でも同じ経験をしている。カタロニア語がなかなか浸透しないのである。

このように、戦後アメリカ経済が拡大するにつれ、英語を「儲かる言語」とみなす人が西側諸国全体に広がり、さらに冷戦の終結とネットの発達で、世界の隅々まで浸透してしまったというわけだ。

逆にいえば、この事実はアジアにおいてもこれからは英語ができないと、ビジネスチャンスが極端に狭まる、ということを意味する。だからどこの国でも、必死になって英語を勉強しているのである。

とりわけ中国の現在の英語熱には、目を見張るものがある。しかも教え方が尋常ではない。まだ意味もわからないであろう小学生に、壁に向かってひたすら英語でしゃべり続けさせたり、パソコンのブラインドタッチを習得させるのに、目隠しをしてキーボードを叩かせたりしているのだ。いまの中国人は日本人同様、英語は決して上手ではないが、このすさまじい光景を目の当たりにすると、いずれ日本とは大きな差がついてしまうのではないかと案じられる。

## ○アジア各国の英語事情

ボーダレス経済では国民の英語力の差が、そのまま国の経済力に反映されるというのは、動かしがたい事実である。とくにアジアにおいては、先の大戦中、英語圏の植民地だった国ほど、そのことが身をもってわかっているので、それこそ何年も前から国をあげて英語の習得に取り組んでおり、その成果はすでに産業や経済に表われはじめている。

シンガポールは国土が琵琶湖ほどの広さしかないにもかかわらず、そこには多国籍企業のアジア本社が五百以上も軒を連ねている。これは英語を国の公用語と定めた、シンガポール建国の父、リー・クアン・ユー元首相の功績である。

英語を公用語とするにあたり、シンガポールはオーストラリアなどから教師を多数迎え入れ、彼らに英語で授業をさせるようにした。その結果、いまではほとんどの若者が、英語をまったく苦にしなくなった。だから欧米の企業も、安心して進出してこられるというわけだ。

マレーシアは、公用語こそマレー語だけだが、学校ではマレー語と英語の両方で授業が行われている。やはり前首相のマハティール・ムハマッドの大英断で、学校では英語で教えてもいいとしたのだ。

余談だが、これは当時マハティールのアドバイザーをしていた私が「これからのIT時代に、マレー語だけでは世界から取り残される。貴国には英語の素地があるのだから、それを大事にするべきだ」と進言した結果なのである。シンガポール同様、英語圏からたくさん教師を迎え入れ、とくに理数系科目を英語で教えるようにした。

それは現在、アジアの情報ハブとして、東南アジアではシンガポールに次ぐ経済発展を遂げたという成果に表われている。その担い手が、英語教育によってバイリンガルとなった若者だったのはいうまでもない。

しかし、なんといってもアジア一の英語大国はインドだ。公用語はヒンディー語と十七の地方語、そして英語だが、ビジネスパーソンはまず完璧に英語を使いこなす。私立学校では初めから英語のみというところも珍しくない。早くから欧米企業のバックオフィスとして、ソフトウェア開発やコールセンター業務などを担ってこられたのはそのせいだ。

さらに近年では、医療分野への躍進もめざましい。手術費用はアメリカの十分の一で済むし、英語も通じる。もちろん「心臓のバイパス手術成功率は九九・七％」などと病院ごとに公表して競っているくらい、技術力も高い。それでインドはいま、アメリカからのメディカル・ツーリズムなるご一行様が、引きもきらない状態にあるのだ。また、英語が話せて技術が確かな医師は、海外でも引く手あまただから、英米の病院にもインド出身者の医者が増えている。アメリカに行っても、病院の医師の三〇％はインド人だという。だから、本国に行くことに対しても、あまり抵抗感がないのだ。

フィリピンは、最近インドが英語力で世界のバックオフィスになっているのを見て、にわかに活況を呈してきている。英語を話せば、インド人のような強いなまりはないし、根気強く親切である。この点にいち早く注目したのが、マレーシアのアナンダ・クリシュナン氏である。彼はマニラのマカティ地区にアメリカ向けのコールセンターをつくり、いまでは上場するまでになっている。その後を追うように、コールセンターが続々と誕生し、いまでは十万人くらいの規模になっている。

貧困と失業に悩んで、労働者を海外に出稼ぎに送り出さざるをえなかったインドやフィリピンが、サービス産業で世界のホワイトカラーの仕事を奪っている姿が皆さんには見えるだろうか。

「富は国境を越えて、電話線に乗ってやってくる」

アイルランドで最初にＢＰＯを確立したＩＤＡのブライアン・カリガン氏の言葉である。

さて、日本はどうだろう。シンガポールのように、多国籍企業がこぞって進出してくるわけでもなければ、インドのように欧米から、金融システムの構築を任されることも、医療ツアーが来るわけでもない。多国籍企業のアジア本社は香港かシンガポールにあり、東京支社はその支配下にあるのが通常だ。

ＣＮＮは香港から、ＣＮＢＣはシンガポールから世界に向けて発信している。東京には駐在員がいるだけである。大半の欧米の新聞社も、アジア本社は香港となっており、日本のニュースはローカル・ニュース並みだ。それがすべてだとはいわないが、英語力のなさが原因の一つなのは間違いあるまい。

とくに情報化時代に「情報暗黒大陸」となってしまった現状に対しては、政府や財界はもっと危機感を持つべきだ。日本関係のニュースが依然として、マルコポーロの〝東方見聞録〟的なエキゾチック趣味なのも、旅行者が書く記事が中心だからである。「香港から局長が来ますので、大前さん、ぜひ会ってあげてください」という東京特派員のリクエストほど、何度受けても腹立たしいものはない。

彼ら欧米企業の組織は、まさに「中華思想で日本を周辺国と見る」という形そのままにつくられている。それがまた彼らの思想に影響を与えているのだから、なにをかいわんやである。

アジアのなかでは中国人も、いまのところ英語はうまくない。それでも中国には安い労働力という魅力があるが、日本は人件費が高いので、かつてのように世界の生産基地として稼いでいくことは難しくなりつつある。しかも第三次産業（サービス業）では、言語の重要性がさらに増す。ということは、少なくとも英語を使いこなせるようにならない限り、世界に日本の居場所はないということになりはしないか。

## ○なぜ日本人は英語が苦手なのか

日本人が英語が苦手なのは、国内で勤勉に働き、いいモノをつくって輸出していれば、それなりにカネが入ってくるという従来の発想から、いまだに抜け出られていないのが最大の原因だ。

何度もいうが、二一世紀の経済は「ボーダレス」である。製造業なら世界を見渡して、もっともコストが安いところでつくり、売りやすいところでモノを売ることができる時代だ。それなのに、製造拠点を国内に限定したり、日本語を理解する消費者だけをターゲットにした販売戦略をとっていたら、そんな企業はあっという間に淘汰されてしまうだろう。

一方で、生き残る会社は当然、国際語である英語で指示を出したり、ディスカッションのできる社員を重用するようになるはずだ。ドイツでは医薬品メーカーのバイエルのように、英語力を部長昇進の条件としている企業が多いが、いずれ日本もそうなるのは間違いあるまい。アメリカで大型買収をしたダイムラー・ベンツやヘキスト、ＢＡＳＦ、コンチネンタルなどは、英語ができなくては仕事にならなくなっているからだ。

もう一つ、教育にも問題がある。いまだに学校では、英文を読んで意味を理解するという、明治時代となんら変わりない方法で英語を教えている。「グラマー」や「リーダー」はあっても「スピーカー」はないというのが、その証拠だ。しかもこれを誰も不思議に感じていないのが、逆に私には不思議でならない。

はっきりいおう。従来の英文読解が主体の学習法では、英語力は絶対に身につかない。百歩譲って通訳にはなれるかもしれないが、通訳では仕事にならないのだ。しかも今後、自動翻訳ソフトの精度がどんどん上がれば、通訳の価値は限りなくゼロに近づく。つまり、役に立たない英語を必死になって教えているのが、いまの日本の英語教育なのである。

よく考えてみてほしい。相手の言葉をいちいち頭で翻訳していたら、ディスカッションにもならなければ、瞬時に的確な指示を出すこともままならないではないか。

さまざまな国籍を持つ人たちが、一つのプロジェクトに参加するということが、今後はどこの会社でも普通に行われるようになる。そのとき、そこで使われる言葉は英語だ。いままで日本人と日本語でやってきたミーティングや情報交換が、同じレベルで英語でできなければ、仕事にならないことくらい、理屈で考えてもわかるだろう。

インド人もシンガポール人も、間違いなく、それができるレベルの英語を使いこなしている。だからこそ、欧米諸国と対等にビジネスができるし、またどこの国で仕事をしても、その国の人間と同様の信頼を得られるのだ。

## ○「英語耳」を鍛えよ

それでは、これまでさんざん誤った英語教育を施されてきた日本人は、どうやっていまから〝使える英語〟を習得すればいいのだろうか。正直いって道は険しい。しかし発想の転換と、不断の努力を厭わない覚悟さえあれば、それは決して不可能なことではない。

ポイントは、耳だ。「英語耳」を徹底的に鍛えるのである。

あなたがどうやって日本語を覚えたかを、考えてみてほしい。文法や構文、それから基本単語を教わって、ようやく日本語が話せるようになったという人がいたら、お目にかかりたいものだ。おそらくそんな人は、一人としていないはずだ。

最初は母親の喋る言葉を聞くだけなのが、しばらくすると少しずつ口真似をするようになり、五歳くらいになるとようやく、「見よう見真似」でひらがなが書けるようになるというのが、ごく標準的な発達の過程だ。つまり、人は「耳↓口↓手」という順番で、言語を獲得していくのであって、文章読解というのは、はるかこの先にあるのである。

ところが、日本人の英語学習は、なぜかまったくこの逆を行ってきた。読本（英文和訳）から始まり、ある程度までいったら次第に英作文や和文英訳が加わって、話したり聞いたりはお座なり程度で学校教育が終了してしまうのだ。

日本人は単語のテストだけなら、世界でもかなり上位のスコアをあげられるのに、ろくに日常会話もできないのは、このような不自然な勉強を続けてきたからにほかならない。英文和訳や和文英訳のような死んだ英語をいくらたくさん暗記しても、実践では役に立たないことを覚えておいてほしい。

「no sooner than~（~するやいなや）」という英熟語がまずあって、それを覚えるのに、「母が入ってくるなり、私は部屋を出た」というセンテンスを暗記するのが、日本の代表的な英語勉強法だ。ところが、こんな文章をいくら正確にいえたところで、英語は永久に使えるようにはならない。実際の会話で重要なのは、なぜ私が部屋を出たのか、その理由を相手に理解できるよう伝えることではないのか。

さらにいうと、相手のいっていることがわからなければ、この人は私が部屋を出た理由を知りたがっているのか、それとも母が部屋に入ってきたことに関心があるのかわからないだろう。それでどうやってコミュニケーションを成立させられるのだ。

だから小難しい英文和訳や和文英訳と格闘している暇があったら、その前にまず英語耳を鍛えるべきなのである。

英語耳を鍛えるにはCNNニュースのような英語番組を、一日中流しっぱなしにしておくのがいちばんいい。「ながら族」で意味などわからなくてかまわないから、とにかくひたすら聞き続けて、英語独特のリズムやトーンを、体と頭に染み込ませるのだ。

これを何年か続けていると、そのうち耳が慣れてきて、まとまった音がつかまえられるようになってくる。そうしたら今度は、聞こえたままその音を、口に出して発音してみるのだ。ただし、ここでも意味を考える必要はない。動物の鳴き真似でもするつもりで、聞こえたままをそっくりそのまま発音する。これで「英語口」も鍛えられるという寸法だ。

ところが、日本人はこんな簡単なことがなかなかできない。まじめなのか融通が利かないのかわからないが、すぐに正しい発音や意味を頭で考えたくなってしまうのだ。

そんなことをしたら、せっかくできあがりつつある英語の回路が元に戻ってしまう。ここは頑としてその誘惑に耐えること。

まじめな人のためにいっておくが、英語に正しい発音などないのである。アメリカ人だってニューヨークとテキサスでは、同じ単語でも発音がまるで違う。それでもなんとか通じるのだからそれでいいくらいに、アメリカ人は思っている。どちらが正しい発音だなんて問題にしているのは、言語学者くらいのものだ。

英語では犬の鳴き声は「バウワウ」だからといって、アメリカの犬がそうやって鳴いているわけではない。そんなことより聞こえたまま上手に真似できれば、「ああ、犬の鳴き声だ」と、アメリカ人でもインド人でも必ず通じるだろう。自分にはこう聞こえた。だから同じように発音する。それでいいし、言葉というのはそうやって習得していくものなのだ。

それに音を聞いていれば、「こういう場面ではこのフレーズを使う」というのもわかってくるから、そのパターンを覚えるほうが、先回りして慣用句や構文を頭に詰め込んでおくよりよっぽど能率的で、正確ではないか。

あとは実践を通して精度を上げていけばいい。転びながらでなければ上達できないのは、スキーと一緒である。

第二章

# 「財務力」を磨く

## ○経理があっても財務がない国

即戦力のプロフェッショナル人材になるために、不可欠な三種の神器の二つ目は財務力だが、この財務力も世界標準と比べると、語学力同様、日本のビジネスパーソンはかなり心もとないといわざるをえない。

だいたい財務力を鍛えようにも、日本のビジネスパーソンには財務を意識する環境がほとんどないのが実情だ。その証拠に、アメリカ人ならたいがいは「お前の正味価値（net worth）は？」と聞かれれば、「家と年金と株で資産はいくら、そこから借入金を引いてこれだけです」と、即座にバランスシートで答えられる。ところが日本人の場合は、自分の価値を把握するどころか、バランスシートという概念すらもっていないのが普通だからだ。

この差がどこからくるのかというと、一つは子どものころの教育の違いだ。

アメリカ人は、子どものころからバランスシートが親子の会話に頻繁に登場する。いまでは「クイッケン・フォー・ベビー」という財務ソフトが出回っているくらいだ。母親が幼児と学べるように配慮された会計ソフトである。

ところが、日本人はといえば、せいぜい小遣い帳をつけさせて、無駄遣いを戒めるのが関の山だ。これはB／S（バランスシート、貸借対照表）ではなく、P／L（損益計算書）である。だから大人になっても、お金の出入りには関心があるが、資産管理や積極的に資産を殖やすことはからっきし苦手ということになってしまう。つまり、経理はできても、アングロサクソンなら当然持っている、財務という概念が育っていないのだ。

もう一つは、資産に対する考え方が、アングロサクソンとは根本的に違うというのがある。たとえばアメリカ人なら、家、年金、生命保険など、抵当に入れられるものはすべて資産なのだ。とくに家は新築より、よく手入れされた中古住宅のほうが高値で売れるし、そういう市場がちゃんとできあがっているから、百年前に建てられた家でもちゃんと売買の対象になる。また家の資産価値が高く、家を抵当にお金を借りたほうが、定期預金より有利なので、リバースモーゲッジ（逆抵当権）で銀行からお金を借りて、死ぬまで優雅に旅行を楽しむ高齢者も多い。

ひるがえって日本には、家を資産と考えている人が、いったいどれくらいいるだろうか。それもそのはずで、日本の家は最大でも、耐用年数が三十年なのだ。ということは人生八十年のうち、三回建て替えなければならないことになる。ところが、これをヨーロッパと比べると、ドイツは七十九年、イギリスにいたっては、なんと百四十一年である。しかも日本の中古住宅市場はアメリカの十二分の一の規模しかなく、新築でも五年経ったら担保価値はゼロである。つまり、日本人にとって家は資産ではなく、消耗品なのである。われわれはみな、仮設住宅に住んでいるようなものなのだ。

そのうえ国も国民を、財務が必要な一国一城の主と認めていない節がある。給与所得者に減損会計（減価償却）を認めないのは、個人にはバランスシートなど必要ないといっているのと同じだ。なにより商法の規定では、会社の従業員は「使用人」と表記されているではないか。使用人は財務などと偉そうなことをいわず、家計簿でもつけていろということなのだろう。

このように財務を取り巻く日本の環境はあまりに劣悪なので、自分で意識して学ぼうとしないかぎり、財務能力もまた身につくことはない。ということは資産が殖えないだけでなく、気がつけば千四百兆円もあった金融資産が、いつの間にか国の借金返済に流用されてしまっていたということにもなりかねない。

そうでなくとも、自分の資産を金利が〇・一％の定期預金に平気で預けておくような財務感覚の持ち主が、ビジネスの世界でプロフェッショナルとして活躍できるとは、私にはどうしても思えない。

## ○財務能力を養う

財務能力を養うには、自分で自分の資産運用をやってみるといい。いまなら株がいいだろう。手順を踏んで正しくつき合えば、世界標準で年利一〇％、上級者なら二五％以上で回すことも可能なのが株や海外のファンドへの投資だ。

いま五百万円を銀行の定期預金に預けていても、〇・〇三％の金利では、三十年経っても約五百四万円にしかならない。一方、五％で運用すれば、三十年後には約二千百六十一万円だ。さらに、一〇％で運用できれば、約八千七百二十五万円にもなる（次頁図参照）。

（図表）500万円を複利で運用すると……

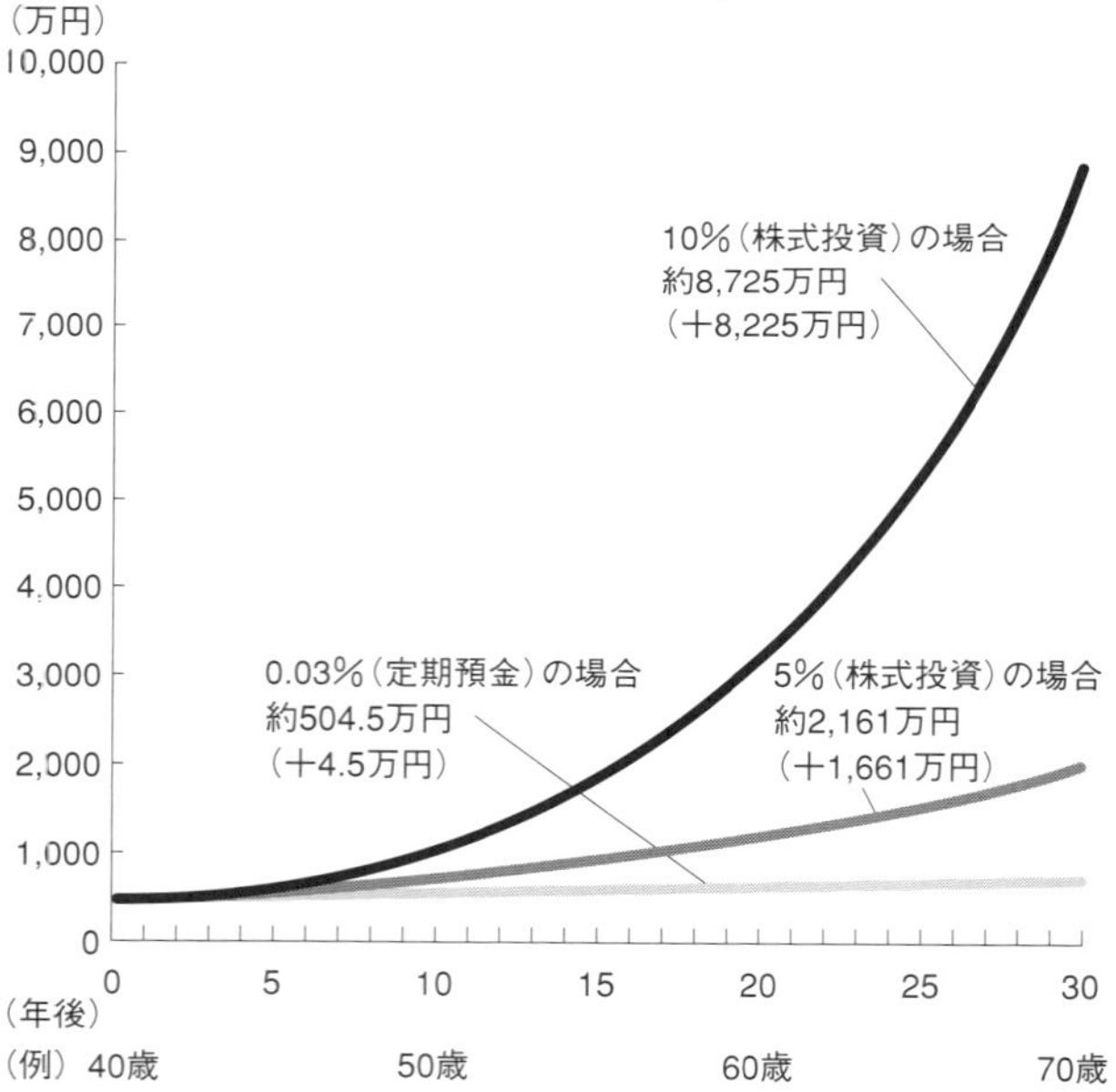


資料：BBT総研

二〇〇五年、みずほ証券の誤発注に乗じて、一気に二十億円を儲けた個人投資家が話題になったが、株というのは信用売買をすれば、マルチプル（倍率経済）だから、理論的にはそういうことだって起こりえる。それに、これは土地もそうなのだが、直近の売買価格がすべてに波及するという特徴がある。

ところが、一杯五百円のかけそばを、どこかの店が千円にしたら、途端に全国のかけそばの価格が、いっせいに千円になってしまうなどという話は、聞いたことがないように、こんなことは実物経済では絶対にありえないのだ。しかし、株では直近の取引価格で、すべての人の所有する同じ株の「時価」が評価される。上がればバブルといわれようが、それが会計原則にもなっている。土地という資産も直近の類似事例ですべて資産評価される。

そば屋といえばバブルの絶頂期に、古くからある兜町のそば屋が、地上げの末二十億円で売れたという話を聞き、『ニューヨーク・タイムズ』に「兜町のそば屋がニューヨーク株式市場を走らす」という記事を書いたことがあった。「東京の景気は明らかにバブルだから、はじけたらニューヨークも直撃だぞ」と、警鐘を鳴らす意味で書いたのだ。その記事が載ったのが金曜日。そうしたら翌週の月曜にブラック・マンデーが起こった。当時アメリカの経済界から、お前の記事が原因だと、さんざん文句をいわれたことを覚えている。

それはともかく、マルチプルというのは、それがマイナスの方向に働けば、価格が一気に暴落することもありえるということだ。ところが、借金というのは常にマルチプルが一倍なのである。そうすると借金してマルチプルの大きな株や土地を買うとどうなるか。

時価六十億円の株を持っている人が、その株を担保に銀行から八掛けの担保価値いっぱいの四十八億円を借りたとしよう。ところがある日、六十億円の株価が突然三十億円に急落してしまった。すると担保価値も二十四億円に目減りするわけだが、マルチプル一倍の借金は相変わらず四十八億円のままである。そうすると時価三十億円の株では担保が足りないので、借主は新たに二十四億円の現金をどこかから調達して、銀行に差し入れなければならなくなってしまう。

二〇〇六年一月のライブドア・ショックでは、まさにこういうことが起こったのである。このときはある証券会社が、ライブドア株の担保価値をいきなりゼロにしてしまったから、ライブドア株を担保に信用買いをしていた人は、まさに大損をしたわけだ。

だが、そういうマルチプルの負の側面だけを見て、投資は怖いものだから手を出さないほうがいいなどといっていたら、いつまでたっても財務能力は身につかないだろう。

ライブドア株で損をした人は、別に運が悪かったわけではない。株の基本や常識がわかっていなかったのだ。基礎トレーニングをやらず、いきなりオリンピックに出れば、それはケガをするのが当たり前だろう。

急落前のライブドア株は約七百円。多少なりとも株の知識がある人なら、この株価はおかしいと感じるから、絶対に手を出さなかったはずだ。

ライブドアをサイバー銘柄と見なしたのがまず間違い。実際はポータルサイトの売上は、全体の一割にも達していなかったし、利益も出ていなかった。グループのなかで利益貢献がいちばん大きいのは、消費者金融だったのだ。急成長といっても「アマルガメーション」（〝地上げ〟のことを英語でこう呼ぶ）、つまり企業買収を繰り返した結果にすぎない。それも買収先は、サイバーとは関係ない業界の、二流三流の会社ばかりだ。それで見かけを大きくして株価を吊り上げ、株式交換でさらに買収を繰り返す。なんのことはない、構造はバブルのころの地上げ屋と変わらないのだ。

しかもグループを構成する一つひとつの事業をセグメント会計で計算して、合計してみると、せいぜい企業価値は千八百億円（当時）。これを発行株式数で割れば、一株百八十円となって、差額の五百二十円分は明らかにバブルにすぎないことがすぐわかる。それにもっとシビアな計算をすれば、買収した会社の価値もライブドアとのシナジー（相乗効果）を前提にしていたわけで、それを引き算すれば、手持ちのキャッシュを入れても百円くらいということになる。
こういう基本的な分析もできないで、「ホリエモンがよくテレビに出ているから」とライブドア株を買っていたなら、損をするのもいたしかたないだろう。

## ○株投資の原則

株にかぎらず投資には、必ずリスクが伴う。たまたま株式相場が上昇基調にあるときに、何も知らない素人が証券会社にお金を持っていけば、あるいはパソコンの前に座ってキーボードを叩けば、自動的に元金が一〇倍、二〇倍に殖えるなどという夢のような話は、あるわけがない。それなのに証券会社の営業マンに聞けば、いつだって、「いま株が買い時です」というのだ。

日経平均株価が三万六千円台のバブル絶頂のころは、証券会社だけでなく、専門家もマスコミもみな、五万円まで上がると自信満々にいっていた。いくら私が、収益還元価格法で計算すれば一万二千円が妥当。資金コストや景気見通しをシビアに見れば、九千円台まで下がるといっても、(九二一年の『文藝春秋』に論文を発表した) 当時は誰も聞く耳を持たなかった。当時の国民は、株は儲かるものだと、いま以上に信じ込んでいたのである。

その後日本の株価がどうなったかは、ここでわざわざいうまでもないが、いつの時代も正しい手順やつき合い方を知らないで手を出せば、大ケガをするのは避けられないと覚悟しておいたほうがいい。

それでは初心者が株とつき合うにあたっては、どんなところに気をつければいいのだろうか。

基本は、次の三原則を守ること。

一、株の性格と常識を勉強する

株の構造や、株式投資にはどんなリスクがあるかなどは、取引を始める前に、必ず正確に理解しておかなければならない。また、相場全体が上昇しているときは「インデックス株を買え、こういう下げ局面では目をつぶって運輸株だ、電力株だ、消費財大手だ」といったセオリーが投資にはあるから、そういうものも知識として、知っておく必要がある。

## 二、身近に株を一緒に勉強する仲間をつくる

西部の荒野を丸腰のまま一人で歩けば、たちどころにネイティブ・アメリカンに囲まれ、寄ってたかって身ぐるみはがされてしまうのがオチだ。だからたいした武器を持っていない初心者は、仲間同士で集まって、情報や意見を持ち寄り交換し合いながら、みんなで少しずつ賢くなっていくこと。

アメリカでは、夜になると仕事を終えたビジネスパーソンが集まって、株の勉強会を行うという光景が、どこの街でもごく普通に見られる。株に関してはアメリカ人のほうが、日本のビジネスパーソンより、よほど真剣に向き合っているといえるだろう。

さらにこの集まりのなかに、みんなの質問に答えてくれる株の先生が一人いるとなおよい。ただし権威に頼るのとは話が別だ。権威の意見はその裏に、なんらかの目的が隠されている場合が多いから、そのまま信用するとその人（またはその会社）を利するだけで、自分たちが損をすることになりかねない。だから先生は身近の信用できる人のなかから探すことだ。いなければ仕方がない、自分たちで知恵を出し合うことである。

## 三、世界を観る

ボーダレス経済の二一世紀には、日本市場といえども、国内要因だけで決まるということはあり得ない。だから常に世界から、目の前の株価の動きを読む癖をつける。言葉を換えれば、グローバル規模でお金の流れをつかんでおくのである。

世界中のお金持ちのお金を運用しているイギリスのファンド・マネージャーや、世界最大級の機関投資家であるカルパース（カリフォルニア州公務員退職年金基金）のお金が、どこに向かっているかには、とくに注意が必要だ。

また、利に聡く節操のないアメリカ人のお金は、世界中どこでも、儲かるところにいち早く集まる傾向があるから、投資先や逃げるタイミングを計るにはもってこいの指標といえる。二〇〇五年にエジプトの株式市場で投資していた人は、一年間で一〇倍（一〇〇〇％）になっている。世界のファンドは、こうしたところにいち早く入り、皆が来るころには去っていくものである。その潮目を知ることが何より大切だ。これには世界をニュースとしてではなく、経済として学ぶという態度が欠かせない。

そうしているうちに勘が働くようになれば、「ウクライナでパイプラインの事故があった」というニュースをCNNで観て瞬時に、「欧州のガス価格がこう動く。そうするところの会社の株が上がる」といった仮説が、自分でも立てられるようになるだろう。

実際、日本人がニュース番組だと思っているCNBCやCNNも、アメリカ人は株の情報番組だと思って観ている。ブルームバーグTVなどをつけっぱなしにしている人も多い。ということは彼らにとってロシアのプーチンも、日本の小泉首相も、自分の財布の敵か味方かでしかないというわけだ。

## ○上達したければケガを恐れるな

勘違いしてもらっては困るのだが、この「大前三原則」さえ踏み外さなければ、絶対にケガをしないといっているわけではない。いつでも通用する勝利の方程式はないというのが、株式投資の大前提なのである。

しかし、怖がって周りから眺めているだけでは、いつまでたっても力がつかない。シミュレーションだけして、机上で「ああ、儲かった、損した」では実力がつかないのだ。

上達したければ、骨の二、三本は折るのを覚悟で、始めるしかない。

大事なのはしくじったとき、そこで再起不能にならないよう、少額から分散して始めることだ。

それでも、どうしてもリスクを負うのは嫌だという人は、仕方がない、プロフェッショナルになるのは諦めて、この国と心中してもらうほかない。

私が懸念しているのは、デフレ脱却の気配が見えてきたことで、このまま日本の景気が回復すれば、給料が上がって、昔のように余裕のある暮らしができるのではないかと錯覚している人が、増えてきているように見えることだ。

日本人は戦後バブルの崩壊まで、右肩上がりの景気が続き、黙っていても毎年生活がよくなるという経験をしたものだから、国に任せておけば、いずれはなんとかしてくれるという「お任せ主義」が、骨の髄まで染み込んでしまっている。だからいま銀行預金の金利が一％に満たなくても、騒ぎ立てもしないのである。

だが冷静に考えてみてほしい。日本のいったいどこに、景気がよくなる要素があるというのだ。人口の中位年齢が五十歳を超える国で、新しい産業や世界に伸びていく企業が目白押しということは想像できない。ということは株式でさえも国内だけではなく、国際分散投資するしかない、ということである。

いま日本の経済は多少好調に見えるが、こんなものしょせん中国特需の恩恵を受けた鉄、造船、海運などによる〝バイアグラ景気〟にすぎない。しかも経済の中心にいるのは、相変わらずトヨタ自動車やキヤノンのような「昔の名前」の会社ばかり。勢いのいいＩＴ銘柄も、アメリカの先進モデルのパクリばかりと情けないかぎり。グーグルやヤフーといった若い会社が経済を引っ張るアメリカとは大違いだ。しかも少子高齢化が今後も続くのは間違いなく、これから日本の未来を担う会社が続々と生まれるとも思えない。

国が国民の生活のことを真剣に考えていないのは、最近、「将来は年金の支給開始年齢を、七十歳に引き上げる」といい始めたこと一つとっても明らかだ。もう年金はあてにできないどころか、千四百兆円ある国民の金融資産も、このままいけば国の借金返済に使われてしまうだろう。彼らは国民の資産を自分たちの不始末の処理に、いつ、どのように使うのか、そのタイミングと修辞法を虎視《こし》眈々《たんたん》と練っているにすぎない。国民は国家の目的の手段と思っている点では、戦前も戦後も何も変わっていないのである。

それが嫌なら財務能力をつけ、自分の資産は自分で守るしかない。

たとえば、郵貯に定額貯金している人がいる。しかし、郵貯は運用力がないから、投信や国債を買っているだけなのだ。それなら、なぜ自分で投信や国債を買わないのか。郵政公社をいくら儲けさせても、その儲けは人件費と、豪華な建物に食われるだけで、預金者には〇・一％足らずしか回ってこない。それなのに郵貯や定期預金には、四百五十兆円を超えるお金が集まっている。まさに世界の七不思議だ。

そういうものにもそれなりの金利が付いた十年、二十年前ならいざ知らず、これからは、無駄使いを抑えるために国民の金を国家が略奪する可能性を考えて、自分の資産を運用しなければダメだ。

たしかに、これまで日本人は、投資して資産を殖やすことにあまり慣れていなかったかもしれない。だが、それをいえば、アメリカ人だって、昔は投資が下手だった。一九八〇年代半ばに「４０１ｋ（確定拠出型年金）」が導入され、自分の年金を自分で運用していかなくてはならなくなったから、彼らは必死に勉強したのだ。

日本と同じく預貯金の比率が高く、投資の比率が低かったドイツでさえ、いまでは資産の約二割を株で持つまでになっている。世界中の有力市場を、皆が直接勉強するようになった。日本にもその流れはすでにきている。どうせ株をやるなら、早く始めたほうが断然有利だ。定年間際になって、「七十歳までの十年間をなんとかしなきゃ」とあわてて株式投資を始めても、それでは手遅れだろう。

# 第三章

# 「問題解決力」を磨く

## ○問題解決力とは何か

「三種の神器」の最後は、問題解決力だ。優れた問題解決力の持ち主なら、間違いなく即戦力として、どこの企業からも三顧の礼で迎えられるだろう。なぜならどこの企業も例外なく、問題解決ができる人材が圧倒的に不足しているからだ。

サイバー、ボーダレス、マルチプルが複雑に絡み合う新大陸では、実体経済しかなかった旧大陸のルールは一切通用しない。

二一世紀は、答えのない時代なのである。

ニートやフリーター、少子高齢化、年金……国もまた、いままでのやり方では解決できない問題を突きつけられ、有効な対策を打ち出せないでいる。

かつて大手と呼ばれた企業が、問題解決を誤り、市場からはじき出されたり、消えていった例は、ここ数年枚挙にいとまがない。

理由ははっきりしている。この国のエリートやホワイトカラーたちは、学校の試験のように、あらかじめ答えが決まっている問題を解くことはできても、答えのない問題の答えを考える思考回路を、持ちあわせていないからである。

だからいかなる場合も、前例や過去の成功体験に無理やりあてはめて解こうとするし、それが役に立たないとなると、今度はいきなり「思いつき」に走る。恐ろしいことに企業の重大な意思決定や、国政に関わる判断すら、「思いつき」で決められているようにしか見えないケースが、この国ではあまりに多い。

問題解決の第一歩は、「問題がどこにあるのか」「なにが問題なのか」を、自分で見つけ出すことだ。それには少しでも疑問を感じたらとことん追求し、この問題の本質はどこにあるのか自分で自分に問うことを繰り返す「質問する力」（Inquisitive Mind）が不可欠だ。

そして次は、なぜその問題が発生するのかという原因に言及し、何をどうすればその原因を排除できるかという仮説を立てる。ここで重要なのは「なぜ」という問いかけに対し、「もしかしたらこうなるのではないか」と仮説を設定できるかどうかである。

仮説を立てたら今度は、その仮説の検証だ。もちろん仮説は仮説にすぎないから、そのままそれが問題解決につながるとは限らない。仮説がうまくいかないとわかったら、そこで新たに仮説を立て直す。あるいは仮説を実行すると、そこで新たに問題が起こるかもしれない。そうしたらその問題の原因を探り、取り除く仮説を立てる。これを真の解決策にたどり着くまで、何度も繰り返すのだ。

これが問題解決法（プロブレム・ソルビング・アプローチ）の基本である。つまり問題に直面したとき、その答えを知っているかどうかではなく、常にこういうプロセスで問題解決にあたれるのが、問題解決力があるということなのだ。

では、この問題解決法を使って郵政民営化を考えてみよう。

郵政民営化の最大の焦点は、これまで郵便貯金や簡易保険で国民からお金を集め、財政投融資を通じて特殊法人などの非効率な事業に流したり、あるいは国債、地方債を買うのに使われていた三百四十兆円もの資金が、政府の目論見どおり民間に出てくるかどうかである。

私はそううまくいくとは思わない。なぜか。

まず三百四十兆円もの資金ニーズなど、いまの日本に存在しないし、郵政公社にもそれだけの資金を運用するノウハウはない。そのうえ、もし資金を民間の融資に回すからと国債を買うのをやめようものなら、途端に日本の国債が暴落する可能性もある。だから民営化したところで、三百四十兆円は塩漬けのままという公算が大きい。

また民営化したかぎりは上場しなければならず、そのためには利益を出す必要がある。ところが、郵便事業は年々先細りの衰退産業だから、本来なら上場などできるわけがないのである。それを無理やり上場させるとなれば、いままで同様、さまざまな規制によって国が保護することになるだろう。つまり民営化といいながら、実態は国民の利益に背を向けた独占企業ができるというのが、郵政民営化に対する私の仮説だ。

ちなみに谷垣禎一《さだかず》財務大臣は、金利が一％上がると国家財政は三兆円分の負担増になるといって、低金利を容認する発言を繰り返しているが、金利というのはどこの国でも、四、五％あって当たり前なのである。そういう常識的金利に戻したらすぐに破綻するのがいまの日本というわけだ。

しかも財務大臣をしてそれを認めるのだから、結局いまはどの政治家も帳尻合わせに必死で、誰も国民の利益など考えていないという現実をこそ、彼の言葉から読み取れなければならない。そして、これからはそんな政治家のいうことをおとなしく聞いているだけの思考停止状態の人が、いちばん損をする危険が高い。それが嫌なら、自分で答えを見つけられる人間になれという結論が導き出せるわけだ。

## ○思いつきを結論にするな

「仮説にすぎないことを、結論だと思い込んでしまっている」ケースも多々ある。

たとえば、ある雑誌の編集部が、販売低迷を打開すべく、読者アンケートを行ったところ、若年層からの回答が少なかったとしよう。

このとき、「雑誌が売れないのは若年層の読者が減っているからだ。若者向けの企画を充実させよう」と考えるのが、仮説と結論を混同してしまっている典型だ。データから問題点を見つけ解決策を提示したのだから、きわめて論理的だと、この提案をした人は思っているかもしれないが、それは大きな勘違いなのである。

「若年層の読者が減っている」というのは、あくまでアンケートハガキという一つのデータから抽出された仮説にすぎない。その仮説が正しいことを証明するためには、さらにそれを裏付ける調査や分析をする必要があるのだ。

もしそれで、雑誌に若者を惹きつける魅力がないのではなく、「二十代の人が全体的に、活字離れの傾向にある」という別の結果が出て、そこに根本的な原因が潜んでいたとしたら、いくら若者ウケするよう誌面を工夫したところで、購買読者を増やすことにはつながらないことになる。

あるいは別の調査で、たしかに若年層の読者は減っているが、「二十代の女性読者はむしろ増えている」という事実が明らかになるかもしれない。そうしたら、「もっと二十代女性を意識した誌面づくりをすべきではないか」という新たな仮説が立てられる。そしてそれをまた検証するのだ。

結論というのはそういう「仮説→検証」の繰り返しを経て、最後に到達するものなのである。仮に最初に思いついたことが結局正解だったとしても、十分な検証を欠いていれば、それはどこまでいっても仮説でしかないのだ。

基本的なことだが、仮説を裏付ける証拠収集や、本当の結論に至るまでの論理的思考が、きちんとできている人は、きわめて少ないのが実情だ。

問題解決法についてより具体的に知りたい読者は、『実戦！問題解決法』（小学館）、論理的思考法については『考える技術』（講談社）に詳しく書いてあるのでそちらをご覧いただきたい。いずれにせよ、何事もまず自分で考えることから始めてもらいたい。

## ○前世紀の既成概念を叩き潰せ！

「マイケル・ポーターのバリュー・チェーンで説明すると……」

九〇年代の後半に、私がスタンフォード大学で教えていたときのことだ。グループ・ディスカッションで学生がこう言い出した途端、私はダメ出しをすることにしていた。

二一世紀の経済というのは、二〇世紀の経済とは別次元にある。もちろん二〇世紀の成功パターンはこうだったというのを知っているのは悪いことではないし、ときには役に立つこともあるだろう。だがその古いフレーム・ワークで説明し、自分も周囲もわかったような気になることだけは、なんとしても避けなければならない。それは思考停止という、二一世紀ではもっとも危険なことになるからだ。

実際、ＩＢＭやＮＥＣのパソコンを、どうすればもっとコストダウンできるかといったケース・スタディを繰り返していたところで、在庫を持たず注文から一週間で完成品を顧客に届けるデルのような発想は出てこないのである。

すでに述べたようにハーバード大学ですら、ケース・スタディのモデルにしていた企業の半数が、数年で潰れるか他社に吸収されるかしている。つまり二一世紀の戦略は、いかにして前世紀までの常識や既成概念を叩き潰すかというところから始めなければならない。

だからもし私の前で、「大前研一の３Ｃを使って戦略を定義します」などと、私の『企業参謀』（プレジデント社）を引っ張り出していおうものなら、そんな三十年前のやり方がこの時代に通用するか、と逆にカミナリを落とされるだろう。

私の友人でもあるジャック・ウェルチ氏は、早くからこのことをよくわかっていた。一九八一年にＧＥの会長になると、彼はすぐに「コンフロンテーション」という制度をつくった。社員は「これは違う」と思ったら、その指示を出した人のところに行って意見を述べ、ディスカッションを戦わせたうえで、第三者に裁定を仰ぐというのがその趣旨だ。これによってGE社内の問題解決のスピードは格段に速まった。

「アンチ事業部」もウェルチ氏のアイデアだ。GEの既存の事業を否定する部門を社内につくったのは、いずれ他社に弱点を突かれて斜陽化するなら、その前に自分たちでやってしまえということだ。現状に甘んじることなく、企業は常に自己否定を続けよという彼らしい態度といえる。

そのほかにも、IT化に対応するとなったら、e-design、e-saleのように、社内のすべての動詞にeを付けろと命じるなど、とにかく彼は、現状に安住することを戒め、自己否定を恐れない。それが十八年間にわたり、GEのトップとして君臨し続けられた秘訣なのだろう。

もうひとつウェルチ氏の話をしておこう。

あるときイタリアの新聞社から私のところに電話がかかってきた。なんでもウェルチ氏に経営というテーマでインタビューしたところ、「経営なんていうものは有能なCEO(最高経営責任者)がいれば、あとはスタッフが数人いれば十分だ」といわれたが、どうにも納得できないというのだ。それで「ケンはどう思うか」と聞くので、私は躊躇《ちゅうちょ》なく「ジャックの意見に一〇〇%賛成だ」と返事をした。

二一世紀は見えない大陸だから、おおぜいが古い知識を持ち寄って、あれこれ相談しても、進むべき道など発見できるわけがない。それができるのは、前例が通用しないところでもひるまず、自分で問いを立て答えが出せる能力を持った個人なのだ。だから企業が生き残れるかどうかは、そういう人間をトップに戴いているかどうかにかかっている。

ウェルチ氏がいっているのは、二一世紀はパーソン・スペシフィックの時代という私の主張と、寸分違わぬものだった。そしてその意味が理解できない記者は、明らかに旧大陸の住人なのだろう。そんな記者の書いた記事を読まされる読者こそ、いい迷惑だ。

## ○「貿易と無縁の国はどこか」という問いに答えられるか

「世界で唯一、貿易と縁のない国があります。それはどこですか」

採用面接でこう質問されたら、あなたはなんと答えるか。

私の答えは、アメリカだ。

「冗談もいい加減にしろ。貿易をしていないどころか、アメリカは巨額の貿易赤字を抱えて、日本にも、自動車や家電ばかり輸出しないでもっとアメリカの商品を輸入しろ、牛肉を買わないのはけしからんと、ことあるごとに圧力をかけてくるじゃないか」と、ほとんどの人は、反論するだろう。

ではそんな人たちに、もう一つ質問しよう。日本の自動車や家電を買うとき、アメリカはどの通貨で支払うか。

そう、答えはドルだ。

アメリカは相手が世界中のどの国であっても、輸入品の支払いはドルで行うし、輸出の際もドル建ての決済が普通だ。だからアメリカと取引をする国は、日頃からドルをせっせと溜め込んでおかなければならないのだ。

ところがアメリカだけはその必要がない。当たり前だ。基軸通貨であるドルは、アメリカの自国通貨でもあるのだから、必要なら国内で、いくらでも輪転機を回せばいい。

そして、ここで考えてほしい。自国通貨で他国と交易ができることは、同じ財貨なら、カリフォルニアで買おうが上海で買おうが、アメリカにとっては同じだということにならないか。しかも世界でドルが通用しない地域はないと考えていい。つまり、アメリカにとってこの地球は、すべて自国の経済圏なのだ。実際アメリカにはデジタルカメラの会社なんてない。わざわざ国内でつくらなくても、日本や韓国がつくったものを買えばいいからだ。

アメリカが世界で唯一貿易と縁のない国というのは、こういう理由による。ドルが高くなれば購買力が高まり、輪転機をあまり回さないで済むようになる。逆にドルが安くなれば、相手国が死にもの狂いで生産性を改善して、同じ値段で売ってくれる努力をする。事実、日本はそのようにして円高でもアメリカ市場を死守してきた。そしてアメリカは、中国、韓国、ＥＵ、日本などの通貨を相対的に為替操縦することによって競争させ、よりよいモノをより安く仕入れることに成功している。その結果、アメリカはプラザ合意後の二十年近くにもわたって、インフレを克服できているのである。

これに対して、自給自足の国はどこだろう、鎖国をしている国はないかと考えてしまったら、アメリカという答えは絶対に出てこない。そもそも、これだけ経済のグローバル化が進んだ時代に、他国と財貨やサービスのやりとりを一切しないで成り立つ国があるわけがないと思わなければいけない。

アメリカには他国と同じ意味での貿易がないというのは、貿易不均衡もないということになる。双子の赤字などという言い方をするから、アメリカは貿易赤字でさぞ苦しんでいるだろうと思ってしまいがちだが、そういう常識にとらわれていると、ドルに信用があるかぎりアメリカはいくらでも海外の財貨が買えるのだという現実が見えなくなってしまう。

そして、常識に縛られて真の姿が見えないのは、専門家や学者も同じだ。

著作『ゼロ・サム社会』が日本でも有名なレスター・サロー氏は、日米貿易不均衡を是正するために「一ドル＝八十五円にすべき」と主張していた。私にいわせれば、そのレートが適正かそうじゃないか以前に、為替が円高や円安に振れると、経済に絶対的な影響を与えるという見方が、すでに間違っている。

現代においては貿易量や貿易額を決定づけるのは、それぞれの企業の事業計画であって、為替レートではないのだ。

だいたい日米間で、価格弾力性の影響を受けるコモディティの輸出入など行われてはいない。トヨタ自動車のように、事業計画に基づいて輸出入が行われる企業では、一ドルがいくらになろうが、それほど関係ないのだ。実際トヨタ自動車の対米輸出額は、この十年間安定している。そのうえで、現地生産を二百万台近くに持ち上げている。為替レートに左右されるようなことは、ほとんどないのだ。事業計画にしたがって、日・米の生産比率が決定されているからだ。

中国や韓国の経済が発展すると日本の脅威になるというのもまた、真実ではない。理由は日本企業の高い技術力だ。たとえば、いま日本が中国に輸出しているSMT（Surface Mount Technology／表面実装技術）を備えた自動装てん装置は、現地では絶対に製造できない。だが、それがなければ基盤の小型化ができず、エレクトロニクス商品を組み立てることはできないから、IT産業の成長を望むなら、中国はどうしても日本からこの装置を輸入せざるをえなくなるのである。

韓国にしても事情は同じだ。サムソンのような企業が伸びれば伸びるほど、日本の工作機械メーカーの輸出もまた、比例して増える。基幹部品も大量に買ってくれる。韓国の対米輸出の黒字とほぼ同じ額が、なんと対日赤字になっているのである。台湾も事情はほぼ韓国と同じで、ありがたいお客さんである。

ということは脅威どころか、中国も韓国もどんどん発展してくれたほうが、日本経済にとってはありがたいということだ。

どうだろう。どれもいわれてみれば、なるほどと思うことばかりだろう。数字でもその気になれば、十分に検証できるのである。私の〝中国お客様論〟である『チャイナ・インパクト』（講談社）が出たあとにも感情的な中国脅威論が後を絶たない。

だが、私のいうことを聞いて納得しても、それは何の力にもならない。これぐらいのことを自分で考えられて、初めて即戦力としての働きができるのである。

第四章

# 「勉強法」を身につける

## ○「答えを教える」より「答えを自ら考える」

いまの日本人は、ものを考えることが、まったくといっていいくらいできていない。国のやることに、最初こそ文句はいっても、結局は「お上のやることには逆らえない」と認めてしまうのだから、政府からみれば、こんなに扱いやすい国民はいない。

たとえば道路公団の民営化。公団時代、高速道路は二十年で通行料を無料にすると、法律に定められていた。ところが民営化で、この法律は効力を失ってしまった。しかも民営化されたことによって、独自の判断で道路をつくることも、料金を上げることも可能になった。これのどこが改革なのだ。

郵政改革が無意味だということは、すでにこの本のなかで述べた。

BSE（牛海綿状脳症）問題だって、アメリカに全頭検査を要求する必要がどこにあるのか私にはわからない。

昔アルゼンチンで口蹄疫《こうていえき》が発生したとき、日本はアルゼンチン産牛肉輸入を禁止した。

その禁輸措置がいまだに続いているものだから、日本国内では世界でいちばん美味といわれているアルゼンチン牛が食べられない。今回のBSE問題に対する国の対応も、これと同じだ。

では、もしオーストラリアでBSEに感染した牛が出たらどうするか。輸入禁止にしたら、マクドナルドがひっくり返るが、それでもやれるのか。

それに日本人は、河豚《ふぐ》を平気で食べているではないか。河豚の毒にあたる確率のほうが、BSEのそれよりはるかに高い。危ないものは国民の口に入れないというのなら、河豚も禁止しなければ、理屈に合わないだろう。

国民の食の安全を考えるなら、スイスのように食肉工場を指定し、なおかつ脳と骨髄といった危険部位がちゃんと取り除かれているかを、検査官を常駐させて調べさせるというほうが、ずっと筋が通っている。つまり、米の等級検査に一万人を超える（いまでは見かけだけ民間となった）検査官を抱えるくらいなら、アメリカの肉処理施設トップ五十ヵ所に検査官を常駐させればいいのだ。アメリカのやり方が信頼できる、できない、とわめくのは子どものやり方だ。日本の納得のいく方法で輸入し、牛肉の値段を下げることが政府には求められているのである。

もう一つのやり方は、この食材の産地はどこで、飼料は何だ、どんな農薬を使っているか、などの情報開示にのみ国は責任を持ち、選択は国民の判断に任せるという方法がある。

そのやり方でいちばん困るのは、国内の利権団体や既得権益者だろう。

北朝鮮のアサリやハマグリがいつのまにか国産として流通しているようなケースは、枚挙にいとまがないほどである。食糧庁がトレーサビリティー（履歴管理）をどこまでやるのか、興味のあるところである。

本来ならこういう問題提起をするのは、マスコミの役目なのだが、新聞もテレビも、記者クラブで聞いた話をそのまま流すだけで、取材能力も、批評性も、独自の視点もまるでないときている。

その結果、国民は一元的情報の下で、「アメリカの牛肉は危ない」の段階で思考停止し、一斉に右へならえの反応をしてしまうのだ。

世界を見渡してもこんな国は、ほかに見たことがない。

私は、三十代、四十代の人たちが、とくに問題だと思っている。この世代は、体制の求める詰め込み教育に過剰に適応して、高度な受験技術だけを磨いてきたので、肝心の「自分の頭で考える」という訓練が、まるでなされていない。

彼らが学校で教わった勉強法というのは、あらかじめ教科書にある知識を記憶し、吐き出すことだ。「コロンブスがアメリカ大陸を発見したのは一四九二年」と書いてあるのをそのまま暗記して、「コロンブス」「アメリカ大陸」「一四九二年」の三つの穴埋めに瞬時に答えられるのが、優秀な生徒だったのである。

だから学校を卒業して、社会の中心となったいまも、相変わらずそのパターンから抜け出られないのである。

ところが大量生産時代ならいざ知らず、新大陸では、この手の人材はまるで役に立たない。なぜなら記憶力という点では、人間よりもコンピュータのほうに、はるかに分があるからだ。義務教育で教わることなど、いまなら数百円のメモリーチップ一枚にすべて収まってしまう。言い換えれば、答えを教わってただ暗記するだけの受身の勉強では、せいぜい数百円程度の市場価値しかない知識が手に入るだけということだ。それにコンピュータなら、試験が終わった途端に記憶が消滅してしまう、などということもないのである。

ましてや二一世紀というのは、答えを暗記しようにも、正解がどこにあるのか誰もわからない時代なのだ。それなのに、教わったことをきちんとやるのは得意だけど、自分で考えるのは苦手です、というのではまったくお話にならない。

すでに北欧四ヵ国では、数年前から教育方針を、「teach」から「learn」に変更している。これからは「答えを教える」より、「答えを自ら考える」人材を育成することのほうが、国家の将来のために必要だと、彼の国はいち早く気づいたのだ。ゆとり教育をどうするこうすると、いまだにもめている国とは、発想の次元が違うのである。

## ○危機感がないから考えない

国債と地方債それに約八百兆円といわれる年金債務を合わせ、国は千五百兆円を超える債務を抱えている。

この話を聞いても、それを自分に迫った危機と感じられない人は、相当脳が退化していると思ったほうがいい。

危機感がなければ、考えようという気が起こらないし、考えないのだから、論理的思考や問題解決力が育つわけがないのである。

終戦直後の日本人はそうではなかった。戦前に教わったことがすべて灰燼《かいじん》に帰して、進むべき方向がわからなくなったとき、この国をどうするか、当時は国民一人ひとりが必死になって考えた。だからこそ焼け野原のなかに、本田宗一郎や盛田昭夫、そして松下幸之助のような世界に冠たる経営者が生まれたのだ。

ちなみに、二〇〇六年六月に松下電器産業の社長に就任する大坪文雄氏は、「水道哲学」という言葉をよく口にする。水道の蛇口から水が出るように、消費者の元に安くて便利な商品を届けるという意味だが、これを言い出したのは松下幸之助である。

その後の経済成長期も、ニクソンショック（一九七一年）やオイルショック（一九七三年）という危機に見舞われるたび、日本人は立ち止まり、きちんと考えてきた。

考えることをやめてしまったのは、八〇年代になってからだ。バブルという見せ掛けの繁栄、そしてその後始末を、大量に国債を発行したり、税金で破綻銀行を救ったりと、国が場当たり的にやってきたせいで、いつの間にか国民は、危機を危機として意識できなくなってしまったのである。

だが、もうのんびりしたことはいっていられない。国の辻褄あわせは限界にきているし、余剰人員を抱えていられる企業など、もうどこにもない。考えて答えを出すことができない人間は、間違いなく淘汰される運命にある。

## ○毎年テーマを決めて勉強する

さて、ここからは、私自身が日々どんな勉強の仕方をしているかを述べていこう。

私の本業は経営コンサルタントだが、そのほかにもＢＢＴ大学院の学長だけでなく、海外の四つの大学の（名誉）教授などいくつもの顔がある。㈱ビジネス・ブレークスルーも含めて、四つの企業経営者でもある。日々の時間の多くは、そのための勉強に費やされるが、私の場合、それだけではない。

直接目の前のビジネスにつながるもの以外にも、毎年これというテーマを一つ決めて、それを集中的に勉強することを、私は三十代よりずっと続けてきている。

ただし、趣味やカルチャースクール程度のレベルで満足するわけではない。「その分野で専門家を凌ぐ本が書けるようになる」、これが私のいう勉強なのである。

一つ例をあげよう。二〇〇二年に私は、その前年の勉強の成果を『チャイナ・インパクト』（講談社）、『中国シフト』（小学館）、『中華連邦』（ＰＨＰ研究所）の三冊にまとめて出版した。すると中国の政府高官から、「これまでになかったユニークな視点に、私たちも勉強になった。そして、どんな学者の文献よりも正確だ」というお褒めの言葉が届いたのである。一つの省（遼寧省）と一つの市（天津市）の経済顧問にも任命された。

大学や外務省のチャイナスクールを探せば、私よりも中国に詳しい人は、たくさんいることだろう。だがそういう人たちは、すでに固定概念でガチガチになっているから、中国というのはこういうものだという、決まった見方しかできない。

ところが、私の場合は、データから「本当はこうなのではないか」という仮説を、最初に自分の頭で考える。そうしたら次は現地に行って、政治家や経営者から直接話を聞いたり、街を歩き回って人々の動きを自分の目で確かめたりしながら、その仮説を検証するということを繰り返す。まさに五感を使っての、体当たりの勉強だ。日本にいてありきたりの資料ばかり読んでいる専門家には見えないものでも、私には見えるときがある。それは仮説をもって現場に向かうからである。

## ○カネの流れを見て勉強のテーマを決める

一年間の勉強のテーマを何にするか。参考にするのは、世界規模のお金の流れだ。先進国で余っているお金が集まってきている「地域」は、これから必ず発展する。そういう地域をいち早く嗅ぎ分け、研究し、紹介することができる人間は、あまりいないだろう。だからこそ、勉強のテーマにふさわしいのである。

アイルランド、インド、中国、台湾、アメリカ西海岸・東海岸、アメリカの田舎、ベトナム、中欧、イタリアの小さな都市、北欧、トルコなどをこの十年間勉強してきた。もちろん、そのほかにメキシコやコロンビア、ブラジル、アルゼンチンなどに講演で行くときには、私の『地域国家論』（講談社）などを参考に一夜漬けで勉強する。現地に入れば、マスコミの質問攻めにあうからである。

ボーダレス経済では、繁栄するのは国ではなくあくまで地域だし、投資の単位も国家ではなく地域なのである。

たとえば、中国なら中国全土が投資対象になっているわけではなく、お金が流れ込んでいるのは沿岸部の大連、上海、青島、煙台といった地域国家（リージョン・ステート）だけだ。インドもバンガロールやハイデラバード、最近ではプネといったＩＴ産業の集積都市に、投資が集中している。その結果、バンガロールのあるカルナタカ州などは、インドの実質成長率六・九％（〇四年）に比べ、低く見積もっても一五～二〇％と、ずば抜けた発展をしているのだ。

このようにこれからは、自らの強みで、世界からお金や技術を能動的に引き寄せられる地域が繁栄していくのであって、逆に中央集権を強めるような国には、このような魅力ある地域が育たないから、投資が集まらないといえる。

だから私は、ＢＲＩＣｓ（ブリックス／ブラジル、ロシア、インド、中国）の一つであるブラジルを訪れるたびに、こういう二一世紀型の潮流に合う地域国家になれと、中央政府にアドバイスをするのだ。ロシアも統治機構を見直さないと、今後、オイルマネーだけでは持続的発展は難しくなるだろう。

ちなみに日本のどこかの都市に、世界のお金が続々と集まってきているという話は、寡聞にして知らない。いまだに中央からの交付金に頼っていたり、子孫からの借金に依存しているようなところに、魅力がないのはいうまでもないことだ。

とにかく、「地域国家論」を唱える私は、普段から世界のお金の動きには、誰よりも敏感だ。ある地域に投資が集中し始めているという情報をつかめば、インドだろうが、トルコだろうが、北欧だろうが、南米だろうが、すぐに現地に足を運ぶ。しかもただ行くだけでなく、その地の経営者や政治家に直接会って話を聞き、ときにはそこに会社を立ち上げてしまう。

最近、急に日本でも注目されるようになったインドも、私はすでに十年近く前に目をつけ、ずっとリサーチを続けているのだ。そしてインドのＩＴ技術は高いと見るや、八年前に合弁で、ソフトウェア開発の会社を三社合弁で立ち上げた。そのうち二社は、その後アメリカの株式市場に上場を果たしている。

ここまでやって初めて、この地域が将来にわたって発展する可能性があるかどうか検証できるのだと私は思うのだが、いかがだろうか。

だから私は日頃から、発展途上国からの講演オファーには、とくに敏感なのである。大前にそれだけの金額が払えるということは、その地域に世界のお金が集まり始めている兆しかもしれないからだ。

余談になるが、海外で私を講演に呼ぶには、五万ドルのギャランティと、往復のファーストクラス・チケット及びホテルを用意する必要がある。もちろん私は、必ずその費用以上に価値のある情報をその地に残してきているはずだ。なぜなら、アンケートで「×」がつけば、次回は呼ばれないからだ。二十年以上にわたって、こうした活動をしている人は、世界中見回してもあまり多くない。本を書いてベストセラーとなっても、一時的なブームで終わる講師も多いからである。野茂とナイキのエピソードの部分で書いたように、十年、二十年活躍するためには、新しい環境に適応した新しい考え方を提示し続けなくてはいけない。ピーター・ドラッカーは九十五歳で亡くなるまで、そうした努力を重ねていた。世界で通用するというのはそういうことだ。

このように年間一テーマといっても、本当のところは年中アンテナを立て、何年にもわたって、いろいろなところで種まきはしているのである。

二〇〇五年に本にまとめた東欧も（『東欧チャンス』小学館）、最初に注目したのは、ようやく市場経済への移行が始まった十年前だ。その後、EU加盟の準備が進むころには、現地にもしばしば足を運び、〇四年には、日本のトップ経営者二十五名を案内して、ハンガリー、チェコ、ポーランドの三ヵ国を歴訪するという研修ツアーまで主催している。

このときは事前に、BBT大学院大学のスタッフ総出で、それぞれの国の詳細な経済指標と政策の分析を徹底的に行い、地場および外資系有力企業のなかから、訪問価値のある企業や、いま会っておいたほうがいい主要人物をピックアップするなどの準備をしてから臨んだので、他に比べるものがないくらい、中身の濃いツアーができたと自負している。〇五年には同じやり方でトルコをやった。いまではちょっとしたトルコ通だ。三年前はトルコといえば、イスタンブールと絨毯《じゅうたん》くらいしか知らなかった。

私の勉強の効率がいいのは、著作が世界の経営者に読まれているからである。普通なら許されない生産ラインの見学や、経営者とのディスカッションなども、プログラムに組み込むことができることも大きい。

そういうバックグラウンドやコネクションが何もない人が、勉強だからとただ東欧に乗り込んでも、せいぜいチェコにある観光用のボヘミアングラス工場で、土産を買ってくるくらいの成果しか期待できないだろう。

さて、この東欧ツアーの結果を私がどのように料理したか。

まず、このツアーで得られた情報を整理、分析して、経営者の勉強会で発表した。

次に、現地で撮影してきた映像素材を、二時間番組三本に編集し、ＢＢＴ大学院大学用の映像教材として放送した（スカイパーフェクＴＶ７５７チャンネル／bbt757.com）。もちろんツアー前から映像化は視野に入っていたから、ツアーにはテレビ・クルーも同行していたのである。

それから、最後に時間をかけて、一冊の本に書き上げたというわけだ。

このように私にとって勉強というのは、徹底して足で情報を集め、自分の頭で考えることであって、文献を読んでわかった気になるのとは違うのである。こういう「現場主義」の勉強をせず、十年前と同じことや、どこかの本に書いてあるようなことを喋っていたら、誰も五万ドルを払ってまで、私を講演に呼ぼうとは思わないだろう。

## ○受験勉強で終わる日本人の勉強

私のように世界を飛び回っていると、勢いのある国のビジネスパーソンほど勉強している、というのがよくわかる。

○五年、ＥＵに加盟したハンガリーやポーランドの人たちは、自国にまだ工業的強さがなく、個人個人の能力を上げるしか、自分たちを認めさせる手段はないと知っているから、みんな学ぶことに貪欲だったし、実際、実力のある人間も多かった。中国人はお金儲け、インドでは優秀なプログラマーになってアメリカ人並みの生活をすることと、国によって動機は微妙に異なるが、とにかく勉強することに対して、ものすごく意欲的なのだ。日本人もハングリーであったころには、よく勉強したものだ。北欧は豊かな国が多いが、どの国も小国なので世界から取り残される危機がある、ということで幼稚園から気合が入っている。受験ではなく、世界に通用する人間をいかに育てるか、という教育の目的でも首尾一貫している。

だから、社会に出たらもう勉強しなくていいなどといって、スポーツ新聞や漫画ばかり読んでいる日本のビジネスパーソンを見ていると、この国には本当に未来がないのではないかと、心配を通り越して最近は、薄ら寒い気持ちになってくる。

なぜそうなってしまうのだろう。それは、日本人にとって勉強が、受験勉強でしかないからだ。試験に受かるためだけに、ひたすら退屈な知識を暗記するのが勉強だと思っているから、学校を卒業した途端、もう試験とは縁が切れたとなって、パタリと学ぶことをやめてしまうのである。

だったら試験があれば勉強するだろうと考えて、社内に昇進試験制度を設けている会社もあるが、試験問題を見せてもらうとほとんどが、これでは現場力や経営力は測れそうもないという、知識偏重の内容になっている。これは試験をつくる人間が、これから会社にとって、どんな能力をもった人間が組織の上部に必要かを理解していないからにほかならない。ペーパーテストをするよりも、また時間をかけてコーチングしたり、充実した教育研修プログラムを提供するほうが、はるかに効果がある。人事・教育担当者に社内の最強の人材を投入することは常識であろう。

勉強は試験のためにやるのではない。新大陸の荒野で生き抜いていく力をつけるためにやるのである。それは、「答えのない問いを考えられる回路」を頭のなかにつくる作業であると言い換えてもいい。

ただし、受験勉強のようなやり方で、古い知識をいくら詰め込んでも、その回路をつくれないのは、ここまでこの本を読んでくれた人なら、もうおわかりだろう。むしろ二一世紀には、それ以前の古い知識など、少ないほうがいいのだ。

だから、もし自分が、暗記中心の学校型秀才だとわかっている人は、一度これまでの知識ややり方を「リブート」することをお勧めする。リブートというのはコンピュータが不調になったとき、電源を切って再び入れ直す（ブートアップ）というIT用語だが、もともとはカウボーイが、靴を脱いで靴底の石ころを取り除くという意味である。

学校型秀才はこれをやらないと、古い知識や情報が邪魔をして、本当に必要なことが吸収できず、いつまでたっても新しい回路はつくれない。だからブーツを脱ぐように一気に、それまでの知識や古いフレーム・ワークを一度捨て去れといっているのだ。

しかし、何ごとも言うは易く行うは難し。心がけ一つでそんなに簡単にリブートできるのなら、誰も苦労はしない。たとえば社長が年頭の挨拶で、「今年から新たな気持ちで仕事に臨んでほしい」と檄《げき》を飛ばしても、実際は何も変わらないだろう。それと同じだ。

そして、このリブートが難しいのは、なにも日本人だけとは限らない。最近アメリカではこのリブートのための、ブートキャンプという研修プログラムが、たいへん人気なのである。

通常この研修は、二週間のコースとなっている。最初の一週間は参加者に、これまで覚えてきたことや知っていることを全部喋らせておいて、その後に「だからダメなんだ」「そんなものは通用しない」と、それらをことごとく否定するのだ。これを徹底的にやられた人は、「自分はいったいいままで何をやってきたんだ」と、救いようがないくらい惨めな気持ちになる。

それが済んだら次の一週間は、これからの事業に必要な知識や考え方を教える。そうすると、参加者はいったん自己否定して、頭のなかに邪魔するものがなくなっているので、どんどん頭に入ってくるのである。

この自己否定は、なかなか一人ではできないから、本当はこういう専門的な研修に参加できれば、それがいちばん早いのだが、それが難しければ、身近な他流試合を利用するのも手だ。つまり、社外のセミナーや勉強会、それも自分にはレベルが高そうだと思われるところをあえて選んで参加して、そこで思い切り恥をかくのである。私のやっている経営塾や大学院でも、入ってきてわずか数週間で皆唖然とする。「目からうろこが落ちました」というようなコメントが続出するのである。だから、私のほうでは、使用しているエア・キャンパス内に〝うろこ捕集器〟を置いている。「目からうろこ」と思えば、ここに入れておく。ぐっと成長した半年、一年後にそれを見ると、「なんだ、あんなことも自分は知らなかったのだ」と自らの力が確実についていることを実感できる。

こうしたちょっとした努力で、新しい世界に対応する能力はいくらでもつくのだが、普段会社のなかを見回せば、みなドングリの背比べ。そんなところでぬるま湯に浸かっていても、危機感は湧かない。それで入社十年無事に過ごしてしまうと、残る二十五年もこのまま行ってくれたら、という保守的な気持ちになってしまうのだ。社内を見渡せば、安堵の気持ちを持つ人は注意しなくてはいけない。しかし他流試合となるとそうもいかない。

会社ではそこそこ仕事ができるほうだと思っていたのに、この人たちと比べたら、自分などまだまだ足下にも及ばない――。こういう自己嫌悪や、ついていけないかもしれないという恐怖感に襲われたら、それをリブートの起爆剤とするのである。

たいていのところでは負ける気がしないという人は、ぜひ私の学校に他流試合に来てほしい。私自身も毎日クラスで指導しているが、実は受講生のレベルが高いために、学ぶことのほうが多い。クラスのなかで数人優れた人がいると、一気に走り始める。そうすると、一学期が終わるころには、大半の人が走り始めているのである。会社で同僚を見ていると、進歩が止まっているように見えるので、自社の将来に対して危機感を持つ。だから、私はなるべく同じ組織から複数で参加するように勧めている。私のところは、「ドンキホーテ養成所」ではないので、力をつけたために浮き上がるということのないようにしたいからだ。もちろん、「力」というなかにはソフトスキルも含まれる。人を説得し、組織を動かすことも学ぶので、それほど心配することではないのかもしれないが、やはり組織が大きく変わるためにはチームが必要だ。会社全体が変われなくても、組織単位で変わってゆけば、いずれは大きなうねりとなる。

ジャック・ウェルチ氏がGEの最小組織（エンジニアリング・プラスチック）から登り

つめた話はあまりに有名だ。彼のウイニングという半年間のコースをBBTでも世界に向けて提供している（www.JackWelchOnAirCampus.com）。七十歳になろうといういまでも、その迫力はすさまじく、私自身が生徒のようにメモを取るところが続出である。

## ○六十歳より先の人生を考えて勉強せよ

会社で、上司からいわれたことだけをまじめにやっていても、即戦力になれるだけの力は絶対につかない。だから自ら意思をもって学ばなければならないのはもちろんだが、すでにミドルと呼ばれる年齢になってしまっている人は、勉強の目的がまた変わってくる。

ズバリ、会社をリタイアしたあとに控えている、第二の人生にターゲットを絞るのだ。六十歳以降。会社に早期退職制度があって、それが利用できる人なら五十歳かもしれない。とにかく定年後というのは、サラリーマンにとって、やりたいこと、好きなことをやれる、最大かつ最後のチャンスなのである。

だから四十代を、そのための準備期間と考えるのだ。

具体的に説明しよう。

まず四十歳を過ぎたら、次の人生で何をやるかを決める。仮に、「これまでの経験を買われて、中小企業の顧問に招かれる」ことを目標にしたなら、そこから逆算してキャリアプランを立て準備を始めるのだ。

ここでいう準備というのが勉強だ。とにかくいまの会社や仕事から学べることは、すべて学ぶこと。ただし、それはなにも専門知識だけとは限らない。たとえば上司が無能なら、なぜそう感じるのか、自分が上司の立場ならどうするかを考える。会社がダメだと思うなら、社長になったつもりで改革案や再建案を練る。

なぜだめか、どうしたらもっとよくなるかを、辞めるまで十数年研究して、その研究の成果を今度は自分がやるときに活かせばいいのだから。そうすると、身近に反面教師がいるダメ企業にいるほうが、むしろ望ましいともいえる。もしトヨタのような超優良企業に勤めていて、トヨタを超える会社を考えろといわれても、私だって困ってしまう。

実際、世界的な経営者に、日の当たる場所をずっと歩いてきた人は意外と少ないものだ。前述したように、ＧＥのジャック・ウェルチ氏やシスコシステムズのジョン・チェンバース氏も、最初は潰れそうな小部門や子会社で苦労してきている。そこでの経験が、トップに立ったとき活きてくるのだ。

とにかく次の人生の目的さえはっきりさせておけば、いま何をすべきかは、自ずと明らかになるのである。会社の名刺が使えるうちに、できるだけ多くの人に会って社外人脈を広げておくというのは、すぐにできるだろう。

それに、いま自分は次の人生でやりたいことをやるために、この仕事をやっているという実感が湧けば、嫌々働くなんていう気持ちはどこかにいってしまうものである。しかも勉強しながら給料までもらえるのだ。こう考えるとサラリーマンというのは、「奨学金付き会社留学」をしているようなものではないか。

また、そうやって勉強していると、いまの会社でだって、いつなんどきチャンスが巡ってくるかわからない。急に社長から経営に関する質問をされても、日頃から答えを考えていれば慌てることもないし、それが評価されて役員に抜擢なんてことにでもなれば、次の人生まで待つまでもないということになる。

## ○勉強時間はこうやって捻出せよ

勉強はしたいし、やる気もあるのだけれど、仕事が忙しくて勉強に充てる時間が捻出できないという人がいる。

よくもまあ、この私に向かって「忙しい」などと口に出せるものだと、ある意味感心してしまうが、冗談はともかくそういう人は、本当にそう思っているのだから仕方がない。

まあとにかく、時間が足りないと文句をいうくらいなら、その前に無駄な時間を削ることだ。無駄といっても、いくつか種類がある。まず、生きているうちに美味い料理をいろいろ味わいたいと思っている人が、昼時になると毎回決まった店に行って、同じメニューのなかからすでに味を覚えてしまったものを注文する。これは明らかに時間の無駄だ。ためしに残りの人生であと何回外食の機会があるか、電卓を叩いて計算してみるといい。いまさらなんの感動もないものを食べている時間はないはずだ。

同様に、人脈を広げたいといっている人が、いつも同じような顔ぶれとばかり一緒にいるのを見ると、この人はつくづく時間の貴重さを知らないのだなあと、哀れな気すらしてくる。

それから、自分の成長につながらないこと。これは無駄以外の何ものでもないから、即刻やめる。「一年間に百時間勉強しろ」というと、そんな時間はありませんという人でも、ぼんやりテレビのプロ野球中継を見ていたり、同僚と居酒屋で上司の悪口を肴におだをあげているような時間を合計すれば、優に三百時間は超えてしまうものである。いちばんいいのは私のように、「冠婚葬祭には出ない」「ゴルフはやらない」「プロ野球は見ない」「つき合いの飲み食いはしない」「休みの日にゴロ寝をしない」と、最初から決めておくのだ。そうすればあなたの人生が、たちまちシェイプアップされるのは間違いない。

あとは、生活のなかでパターン化したほうがいいと思われることは、全部パターン化しておく。たとえば、私は靴なら同じものを四足、シャツはノーネクタイで着られる、同じ形で色違いのものを六十三着持っている。これで忙しい朝に、どの靴を履こう、どのネクタイをどのシャツに合わせようと迷う時間が省ける。

このほかにも、宵越しのメールは持たないなど、時間管理のヒントはいくつかあるが、基本はあくまで「無駄なことはやらない、考えない」ことだ。

私ぐらい仕事が忙しくても、無駄な時間を一切排除すれば、勉強どころかオフロード・バイク、スキューバ・ダイビング、ジェットスキー、スノーモービル、ヨット、クラリネット……そういった趣味を楽しむ余裕まで、楽々と生み出せるのである。

## ○「ファイティング・ポーズ」をとり続ける

つまるところ勉強というのは、自分の人生をいまよりもっと幸せにするために、するものではないのだろうか。裏を返せば、いま自分の人生にどこか不満を感じている人は、幸せになるための勉強が足りないのだ。

日本人は危機を危機として感知する能力を失って、ここ二十年、考えることを放棄してきた。バブルが崩壊し、倒産やリストラで職を失う中高年や、増加するフリーターやニートが問題になっても、自分だけは、このままエスカレーターに乗っていけばなんとかなると、ビジネスパーソンのほとんどは信じていたのだ。

だが、『ザ・プロフェッショナル』（ダイヤモンド社）というタイトルに反応して、発売前の私の本に注文が殺到するという現象一つとってみてもわかるように、「このままでも大丈夫」と必死で思い込もうとしても、もうそれが不可能なほど、変化はすぐそこまで迫ってきていることに、一部の人はすでに気づきはじめているようだ。それはそうだろう、会社にいる五年、十年上の先輩を見ていれば、どうもこのエスカレーターは違うみたいだと、相当鈍い人でも感じざるをえないはずだ。

ただ、気づいたところで、これまでがボーッとエスカレーターに乗って、どこか目的地まで無事に連れていってくれとただひたすら願っていただけだから、（人生）地図の見方一つわからない。そんな自分が思い切ってそこから飛び降りてしまったら、道に迷ってしまうのではないかと、恐怖で足がすくんで動けない人が、まだ圧倒的に多数派を占める。あなたもそうではないだろうか。

そんな人たちに、いまさらどっちに行ったらいいか教えてくれといわれても、私にもわからないと答えるしかない。そもそも荒野に道などないのだから教えようがないのだ。

私にいえるのは、いまあなたが乗っているエスカレーターの先に未来がないのはたしかだが、かといって飛び降りても、そこでじっとするだけなら、野垂れ死にするしかないという厳しい現実を認め、受け入れろということだけ。

そうすると、正解は、自分の進むべき方向を自分で判断し、道なき道を切り拓くパス・ファインダーとしての能力を身につけるしかないことになりはしないか。

その能力は、語学力、財務力、問題解決力という三種の神器にほかならない。そして、そういう力や技術を獲得することこそが、勉強の本質なのである。

だから、四十代だろうが五十代だろうが、座して死を待つのが嫌だというなら、いますぐ勉強を始めるしかない。ほかに助かる方法はないのだ。

そのかわり、新大陸にはいたるところにチャンスが潜んでいる。なにしろ未開拓の荒地なのだ。年齢も、地位や肩書きも、これまでの経験も関係ない。いち早く肥沃な土地を探し当てた人が、その土地を手に入れる権利を手にできるのである。条件はただ一つ、「ファイティング・ポーズ」をとり続けるという覚悟さえあればいい。

入社のときから、俺は絶対社長になってやると、強靭な意志で勉強すれば、その人は三十代で社長になれる。四十歳で始めた人は、六十代で夢を叶えればいい。それが可能な時代に生を受けたことを、幸福と考えるか、不幸と見なすか、それはあなた次第である。

# 第五章

# 「会議術」を身につける

## ○日本人は「ディスカッションする力」が欠けている

「日本人の生徒が入ると、クラス全体のレベルが下がる」

海外のビジネススクールでは、ここ数年来、よくこういう声を耳にする。

私が教えていたカリフォルニア大学ロサンゼルス校（ＵＣＬＡ）やスタンフォード大学のビジネススクールの教授たちに聞いても、まったく同意見だという。スウェーデンやアイスランドといったヨーロッパ勢だけでなく、同じアジアの中国人やインド人と比べても、日本人の学力だけが、明らかに年々劣化しているというのだ。

私がＭＩＴ（マサチューセッツ工科大学）に留学していた三十五年前には、そんなことはなかった。逆に日本人といえば、それだけで優秀だと思われていた。実際、私など、クラスメート百三十人のなかで、ただ一人非英語圏出身者だったにもかかわらず、いきなりクラス委員に選ばれたくらいだ。

もっとも当時といまとでは、日本の立場も、留学に臨む気構えもまるで違うから、ある意味仕方がないといえなくもない。

私の世代は留学といえば、文字どおり命がけだった。なにしろ一ドルがまだ三百六十円だったし、いまのように格安チケットもないから、大半の留学生は飛行機など乗れない。横浜からウィルソン号というAPL（アメリカの船会社）の船でサンフランシスコまで行って、そこからグレイハウンドという長距離バスで、MITのあるボストンに向かうのだ。しかも向こうに行ったら、もう日本に電話などできないし、試験に落ちようものなら奨学金を止められてしまう。学費はすべて奨学金とアルバイトだから、奨学金を止められたら、冗談ではなく帰りの旅費さえなくなってしまうのである。

だから、誰もが出発前夜は水杯を交わし、ドクターの学位をとれなければ身投げするくらいの悲壮な覚悟で、海を越えていったのだ。実際、私の行っていたころ、別な学部の日本人が入水自殺している。そういう状況の留学だから、勉強しないわけにはいかなかった。また学問のために、あえてその困難な状況に飛び込むということで、国を背負って勉強に来ているといった自負心のようなものも、そのころの留学生の気持ちにはあったと思う。

もちろん私自身も、MITではものすごく勉強した。授業が終わると、明け方の四時まで机に向かい、それからわずかに仮眠をとって、翌日の授業に出るというのが当たり前だった。週末に寝だめするしかないくらいに、それはきついものだった。正直いって、成功したいという気持ちよりも失敗して帰るわけにはいかない、というところから根性が生まれていたように思う。いまの日本は、セーフティネットがそこら中に張り巡らされている。当時は失敗すれば一巻の終わり、という雰囲気があたりにみなぎっていた。そういう時代の日本人はよく勉強したのである。いまの日本では、食うに困らない、ということから自分にも優しくなってしまった。時代が変わり、自分を鍛え直さなくてはいけないと頭ではわかっていても、気合が入らないのである。発展途上国や先進国でも小さい国のほうが、そうした意識を持っている。

アメリカのノートルダム大学で三十年にわたって教壇に立っている古川教授も、昔の日本人のほうがはるかに優秀だったといっている。ただしそれは、日本の経済状況がよくなったおかげで、留学といえば以前はトップレベルの人しか許されなかったのに、いまでは逆にボトムに近い学生が来るようになったことも、原因の一つらしい。

そして、日本人留学生の問題は、どうやら学力だけではないようだ。他国の学生に比べ、

「ディスカッションする力」が圧倒的に欠けているのである。

欧米のビジネススクールの授業は、たいていディスカッション中心に進められる。ところが、自分の意見や主張を公の席で主張したり、ほかの人の発言を瞬時に理解し、そこから論を展開したりする訓練を、まったくといっていいほどしてきていない日本人留学生は、このディスカッションに参加できない。

それでディスカッションが始まると、日本人はクラスの隅でただ黙ってしまうので、そのクラスでは実質的なディスカッションの参加者が減ってしまうことになる。また先生も、黙っているからといって、まるっきり無視するわけにもいかないので、なんとかディスカッションに参加させようと発言を促すが、当の日本人が、自分の考えをまとめたり、わかりやすく伝えたりすることがうまくできないため、そこでせっかくのディスカッションのリズムが崩れてしまう。

かくしてそのクラスは、無口な日本人がいるせいで、レベルが下がってしまうのだ。

もちろん英語力のなさも原因の一つだろうが、それは他のアジア諸国の学生も同じ条件だから、言い訳にはできない。むしろ現状を見るかぎり、仮に流暢《りゅうちょう》にしゃべれるだけの英語力が日本人にあったとしても、状況はあまり変わらないのではないだろうか。

一方で古川教授は、こういうこともいっている。

「日本の学生の質は、たしかに下がっていますが、それは日本で必要な能力を鍛えていないからです。いくら潜在能力があっても、普段一〇〇メートルしか走ったことがなければ、いきなりマラソンの距離を走れといわれても、走れるわけがありません」

それで二年間みっちり鍛えると、大半は卒業するころには、ちゃんとディスカッションに参加できるようになるという。だから帰国の日が来ると学生には、「今日が入学式ならよかったな」と、いつもいうそうだ。つまり、本質的な能力に欠けているのではなく、本来持っているものがまったく開発されていないということなのだ。だから、世界に通用する人間になろうとすれば、自らがぬるま湯を飛び出して、道場めぐりをしなくてはいけない。日本人にいちばん求められているのは、ぬるま湯を飛び出す勇気と言い換えてもいい。

## ○ディスカッション能力は家庭で養う

それにしても、なぜ日本人はディスカッションが苦手なのだろう。

日本の文化そのものが、ディスカッションを好まないというのは、疑いようがない事実である。日本語には「阿吽《あうん》の呼吸」「以心伝心」「暗黙の了解」などの言葉があることからもわかるように、日本人は意見の相違を明確にして、それをディスカッションで縮めるよりも、相手の気持ちを推し量り、先回りして近づいて、なんとなく合意をとりつけるのが得意な民族なのだ。あるいは自分より偉い人の意見だと、不平や不満があってもそれを飲み込んで従ってしまう。だから会社でも、上司は「ソレ、やっておけ」とか「この前のアレ、どうした」で済まそうとするし、「アレってなんでしたっけ？」といちいち聞き返したりすれば、あいつは仕事ができないということにされてしまうのだ。ディベートやディスカッションが当たり前の、欧米の会社ならいざ知らず、日本企業ではいくら働いても、ディスカッションする力が育たないわけだ。

しかし、日本人のディスカッション能力に必要な基礎体力が欠けている最大の原因は、家庭にあるのではないだろうか。

どこの国でも、ディスカッションに必要な素地は、子どものころ家庭で養われるものなのである。中国人は家庭での家族の会話がじつに豊富だし、インド人のディスカッション好きは、やはり家庭で鍛えられているからにほかならない。なかでもすごいのはユダヤ人だ。彼らは家庭を、子どもが意思を言葉で伝えられるように訓練する場だと心得ているから、親子の会話といっても傍からは、まるでケンカにしか見えない。それくらい激しいディベートを、日々の家庭生活で繰り返していれば、大人になるころには、それは逞しいディスカッション能力の持ち主になっているはずである。

ところが、日本の家庭ではディスカッションする力を鍛えるどころか、家族の会話そのものがなくなってきているのだ。その典型が夕食。多くの国で、夕食は神聖な家族の儀式と考えられているし、週末の夜は家族が揃って同じテーブルで食事をするのが、世界標準といってもいいくらいだ。そして一緒に食事をすれば、当然そこには親子や兄弟姉妹の会話が発生するから、そこでディスカッションの基礎が鍛えられていくのである。

一方、日本の家庭では、たとえ週末でも、家族が揃って夕食をとるほうがまれなのではないだろうか。もともと日本においては、父親が残業で会社にいつまでもいるので、平日の夕食は父親不在が珍しくなかったが、最近では子どもも外に遊びに行って、夕食時間になっても帰ってこないとか、家にいても子どもは自分の部屋で好きなものを食べるというケースすら増えているらしい。高校生の三分の一は、一人で夕食をとるという調査結果もある。これではディスカッションもなにも、家庭のなかに家族の会話をする場が存在しないことになる。

また、これも日本の家庭の特徴なのだが、せっかく家族が一堂に会しても、傍らには必ずテレビが鎮座ましまして、煌々《こうこう》と光を放っている。そうすると本来ならお互いが向きあって会話が弾むはずなのに、みんながテレビのほうを向いて、「新しいケータイはどんな機能が付いているんだ」とか「あのタレント、最近よくテレビに出ているな」といった、テレビが提供してくれる話題について話すことになる。果たしてこれを、家族の会話というのだろうか。

こういう家では、子どもにディスカッションする力が育たないのはもちろんだが、父親もまた、貴重なトレーニングの場を失っていることに気づいていない。おそらくこの家の父親は、子どもに何かを伝えようとするときも、質問しながら子どもに自分で考えさせるという、欧米ならどこの家庭の親も普通にやるようなこともせず、これが父親の威厳だとでもいわんばかりに、いきなり「これをやれ」と命令するに違いない。これでは子どもだってカチンとくるから、親と一緒に食事をしたくなくなるだろうし、何より親がいつも先に結論をいってしまえば、子どもは考える力を奪われてしまう。口を開けば喧嘩、言い争いという親子も少なくない。会話がそもそも成り立たないのだ。そしておそらくそういう父親は会社でも、部下に向かって「これ、やっといて」と同じことをいっているはずなのだ。命令しかできない上司が、部下をうまくマネジメントできるわけがないし、子どもと同じように、部下からも避けられているだろうことは、おおよそ察しがつく。

もしその上司が、家庭で必死になって、子どもとコミュニケーションをとろうとしているなら、それは絶対に部下との関係にも反映されてくるはずである。

## ○マッキンゼー式会議術を身につけよう

阿吽の呼吸でも、親子の会話がなくても、これまでのような社会が続くなら、なんとかやっていけるかもしれない。

だがすでに、世界はそうではなくなってしまっている。あなたが自覚していようがいまいが、あなたの勤めている会社も確実に、ボーダレス、サイバー、マルチプルという新しい経済原則によって動いているのだ。

これからは資源を買うのも、商品を売るのも、工場をつくるのも、世界を相手に交渉していかなければならない。そうなったとき、「待ってました」と手をあげられる人は、即戦力として活躍の場を与えられるが、ディスカッションが苦手だと尻込みしているようなら、居場所はどんどんなくなると思ったほうがいい。

これは、語学力、財務力、問題解決力の「三種の神器」は身につけた人とて例外ではない。小林陽太郎氏や、すでに鬼籍に入られた服部一郎氏、盛田昭夫氏のように、国際的な舞台でも物怖じせず、自分で答えを考え、相手を説得していくことができなければ、新大陸では、真の即戦力とはいえないのである。

そして、三種の神器と同様に、このディスカッションする力もまた、訓練によって獲得することが可能なのだ。

ここでは、私がマッキンゼーに在籍した二十三年間に学んだ「マッキンゼー式会議術」

を紹介しよう。

日本の企業で行われている会議は、始まる前に結論が決まっているようなものがほとんどだが、私にいわせれば、そんなものは会議ではなく、ただの「儀式」にすぎない。儀式だから一言も発しない人も平気でその場にいられるのだ。

マッキンゼーの会議は、断じて儀式ではない。論と論を闘わせる「知的格闘場」だ。だから発言しなければそれだけで、その人は批判、または評価の対象になる。なぜなら、発言しないというのは、論と論を闘わせて問題の核心を徹底的に追求するという、知的格闘場の参加者全員に課せられた義務を、果たしていないことになるからだ。

それに、自分が納得できないことに反論するのは、マッキンゼーの行動規範に定められた義務でもある。相手が上司やクライアントだからといって、遠慮して反論を控えるようなことは、固く禁じられている。

また、事実の裏づけがないことをいおうものなら、「それはお前の意見だ。そんなものは聞きたくない。事実に基づいた発言をしろ」と、途端に非難の礫《つぶて》が飛んでくるのも、マッキンゼー式会議の特徴だ。そのほかにも予定調和や付和雷同、学者の受け売りなど、他の会社の会議では、いたって普通のことでも、マッキンゼーではいっさい認められないどころか、そんなことをすれば、参加者全員から軽蔑の目で見られるのである。

ＩＢＭで前のＣＥＯを務めたルイス・ガースナー氏も、マッキンゼー出身だが、ＩＢＭでも、その前のアメリカン・エキスプレスやＲＪＲナビスコのときも、最初にこのマッキンゼー式会議術を導入し、馴れ合いの空気や非生産的なディスカッションを排除したうえで、問題の核心を徹底的にディスカッションさせることを要求している。これがその後の企業再建をスムーズに進めやすくしたのはいうまでもない。

私の経営する大学院でも、入学したらまず、この「マッキンゼー式会議術」を徹底的に叩き込む。サイバークラスであっても容赦はない。だいたいみんな会社で、屁の役にも立たない癖が染み付いているから、その癖を漂白してしまうのだ。そうすると会議では常に発言を求められ、それが自分の意見でなかったり、発言の根拠となる事実が甘かったりすると、周りからいっせいに突っこまれる。最初はみんなふらふらになるが、半年もすると、見違えるように立派な知的格闘ができるようになる。

ちなみに、二〇〇五年度の学生の平均年齢は三十七歳だが、日本の会社にいくら長くいても「ディスカッションする力」は身につかないが、きちんと勉強すれば、三十七歳になっていても半年で世界標準の知的格闘ができるようになることがよくわかった。

## ○問題の解決策を見つけるのが目的

「ディスカッションする力」が、どんなときでも自己主張を通せる押しの強さだというのは、とんでもない間違いだ。よしんば自分の意見を通せても、それが考えうる選択肢のうちの最善解でなければ、そんな意見にはなんの値打ちもない。

ディスカッションというのは、相手を打ち負かすためのものではなく、あくまで組織の直面している問題の解決策を見つけるのが目的なのである。

摩擦を恐れない「勇気」はもちろん必要な要素だが、それ以外にも、相手から有用な情報を巧みに引き出す「質問力」、相手の主張のよりどころとなるデータや事実の誤り、不足を見破る「聞く力」、確かな根拠とその組み合わせから新しい視点を提供できる「説く力」、それらすべてを兼ね備え、生産性の高い解を導き出せて、初めて「ディスカッションする力」があるといえる。

そして、もっとも重要なのは、常にロジカルに考え、ロジカルに話せること。事実に基づいた推論、論理的思考能力こそが唯一の世界共通言語といってもいいくらいだ。

ロジカル・シンキングとロジカル・コミュニケーションの二つができれば、その人はどんな環境に置かれようと、自分の力で問題を探し出し、仮説・検証をしながら、答えを見つけることができるから、世界のどこに行っても生きていける。これは、語学力以前の問題なのである。

つまり、「知的格闘」は、即戦力の条件でもあるわけだ。

## ○まずは奥さんとディスカッションしてみる

自分で「ディスカッションする力」を鍛えるのであれば、家庭という場を利用しない手はない。なぜなら、これは知的格闘に限ったことではないが、二一世紀を生きるのに必要な力をつけるところが会社だけというのでは、あまりに狭すぎるからだ。

それともう一つ、あなただけ、もしくはあなたと会社が変わるだけでは十分ではない。家庭や友人も含め、あなたを中心とした人間関係のすべてが変わり、「あいつはどこを切っても二一世紀」といわれるようにならなければ、真の意味で新大陸を生き抜く力を手に入れたとはいえない。

たとえば、あなたの家には奥さん専用のパソコンがあるだろうか。いくらあなただけがパソコンを使いこなせても、奥さんはメールもできないようでは、あなたの家庭はまだ二〇世紀だ。そうではなく、奥さんも子どもも同じようにパソコンが使えて、同じようにグーグルで情報を調べることができれば、家庭でも二一世紀に対応したディスカッションができるではないか。

そうしたら、家のエアコンが壊れて買い替えが必要になったときも、これまでなら、奥さんが電気店でチラシを集めてきて、そこからあなたが値段や機能を見て決めるというやり方しか考えられなかったのを、家族全員の入札という二一世紀型にすることもできる。

あなたは予算と基本的な条件だけを最初に設定し、二週間後に意思決定するので、それぞれが候補としてふさわしい機種を一台選んでくるよう、家族全員に伝えるのだ。その二週間の間に、各人で店を回ったり、ネットでメーカーのサイトにアクセスしてスペックを比較したり、価格比較サイトで安いものを調べたりといった作業を行って、条件内で最適の一台はこれというのを決め、意思決定の当日に発表する。

そうすると、奥さんもあなたと同じ機種を選んだが、価格はあなたが量販店で調べたものより、奥さんがネットで見つけた商品のほうが安い、というようなことが起こる。この場合は、同じ機種でもより安いものを探した人が落札したら、その差額をインセンティブとして渡すという規則にしてもいい。また比べるのは本体の価格だけでなく、保障内容や販売元の財務内容など、検討すべきことがたくさん出てくるはずだ。それらを一つひとつ検証しながら、わが家にふさわしいエアコンを決めるのは、まさに「ディスカッションする力」のトレーニングそのものである。

さらにこれは、家族旅行の行き先やプランを決めたり、資産の運用にも応用できる。銀行に三百万円の預金があるなら、それを自分、奥さん、子どもの三人に百万円ずつ分け、それぞれが一年後の運用実績を競うというのもおもしろい。

こういうのが二一世紀の、新しい家庭というものである。

普段からこういうことを行っていれば、夕食時にテレビでわざわざバラエティー番組を観なくても、それこそ家族の五年後につながるような、会話が交わされるようになることうけあいだ。それに、そうやって質の高い会話をしていれば、それが今度は仕事にも必ず活きてくる。これが、ディスカッションする力の素地は家庭で養うということの意味だ。

もしテレビをつけるなら、CNNかBBCにしておくといい。いま世界で起こっている重要なことを知ることができるし、英語力も鍛えられる。NHKのニュースを観て、地方の天気を知ったところで、それがあなたの人生にとって、何か意味があるのかよく考えてみたほうがいい。毎日五分もボーッと天気を見ていると、一年間では千八百二十五分である。なんとおよそ三十時間だ。その暇があったら、資産運用のコースが修了してしまう(www.ohmae.ac.jp/ex/43)。どうしても天気が知りたいなら、いまは携帯でも、あるいは固定電話でも瞬時に調べることができる。そもそも国に関心を持っていない人が、毎日全国の天気、気温を知って何になるのだ。それよりは〇・一%の金利しかつかないところにお金など預けていないで、五%で回す力をつけたほうがいいと思わないか。これが私の問いかけていることなのだ。

## ○社長と直接話す

さて、「マッキンゼー式会議術」を覚え、家庭での生活習慣も大きく変わって「ディスカッションする力」にも少し自信がついてくると、会社の会議でさっそく試してみたいと か、上司とディスカッションしてみたいという誘惑に駆られるだろうが、ちょっと待ってほしい。その前に、それを使うだけの価値がある会社や上司かどうか、まず見極めなければならない。いくら高度な議論を仕掛けても、それを理解する人間がいなければ、「偉そうなことをいうな」と潰されるのが、悲しいかな、日本の会社の現状なのだ。

むしろ、いきなり会議の場で「事実に基づいた発言をしろ」とやって、浮き上がってしまうより、下から順に上司を見ていって、「この人ならわかってくれる」という人が見つかったら、その人にターゲットを絞ってアピールしたほうがいい。わかってくれそうなのは、ウチの会社には社長しかいないと思うなら、社長と直接話すのだ。移動中の新幹線を狙うとか、パーティでの立ち話とか、虎視眈々と狙っていれば、チャンスは必ずある。

だが本当のことをいうと、どうやってアピールするかをそれほど心配することはない。今後五年の間に、どの会社も急激に変化する。そのとき、これまでのやり方しか知らない多くの人間は、使いものにならなくなっているはずだ。そこで、「誰かなんとかできるヤツはいないのか」と、組織の上から人材を探す針が刺さってきたとき、コツンと当たる石になっていればいいのだ。

そのためには、「今後五年間に自社が直面しそうな問題」をあらかじめ予測し、その対策を考えておくこと。それと同時に、即戦力として必要な力をつけておくこと。語学力、財務力、問題解決力の「三種の神器」や、ディスカッションする力は、もちろんそのなかに含まれる。

そうすると、日本のニュース番組なんか観てもしょうがないから、やっぱりCNNにしようとか、社外の勉強会に参加して、ディスカッションの他流試合をしてみるとか、できることがいろいろ見えてくるだろう。そうやって、頼まれもしないのに「会社を救う方策」を考え、自分を鍛えながら出番が来るのをじっと待てばいいのだ。即戦力というのは、実はいつでも戦闘できる能力を常日頃から磨いていると、結果としてついてくるものだということがわかるはずだ。

実は、世にいう大物の指揮者の登場も、これに近いものがある。バーンスタインが急病でタクトを振れなくなり、急遽《きゅうきょ》代役を立てなければならなくなった。バーンスタインの指揮を目当てに会場に足を運んできた聴衆は、それを聞いて落胆の色を隠せない。だが数分後、代役を務める若き指揮者のタクトに、聴衆はバーンスタインの再来を感じて魅了される。

この若い指揮者は、自分は絶対にバーンスタインを超える指揮者になると、頼まれもしないのに日ごろから練習を欠かさなかったからこそ、このチャンスを活かすことができたのだ。

若き日の、小沢征爾《せいじ》氏やマイケル・ティルソン・トーマス氏の話である。

終章

# 人生設計は自分でやるしかない

## ○死ぬときに「よかった」といえるか

熟年離婚が増えている。

結婚期間二十五年以上の熟年夫婦の離婚は、ここ十年で二倍以上、三十年以上だと三倍近くの増加率だ。しかも、そのほとんどが妻からの申し立てだという。

いままでは〝お手伝いさん〟のように仕えてきたのに、これからは介護師までやれなんてとんでもないと、夫の定年退職に合わせて、妻のほうが離婚を言い出すというわけだ。

それまで奥さんの働きを認め、それに対しきちんと報酬を支払ってこなかったツケが、こういう形で回ってきたら、もう土下座しようが何しようが、修復はできまい。会社にばかり目が向いていて家庭を疎かにした、自分の人生設計が悪かったと思うよりほかない。

それにしても、創設したCNNをタイムワーナーに売って、国連に一千億円寄付し、ジェーン・フォンダと結婚し（結局別れてしまったが）、パタゴニアの別荘で悠々自適の日々を過ごすという、テッド・ターナー氏のようなバラ色のイメージが、どうも日本人の第二の人生にはない。

先ほどの熟年離婚もそうだが、事業を成功させ名経営者と称される人たちにも、「さあ、お金もたっぷり稼いだし、これから好きなことをやって、人生をエンジョイするぞ」というような姿勢が見られないのはなぜだろう。

日本人の経営者には、ロームの佐藤研一郎氏や、スズキの鈴木修氏のように、七十歳を過ぎても現役で会社を引っ張る人が少なくない。こうなるともう、会社が自分の人生であって、ダイエーの中内㓛《いさお》氏や日本マクドナルドの藤田田《でん》氏のように、戦場で死んで本望ということなのだろう。

それはそれで一つの生き方かもしれないが、スクウェア・エニックスの前身であるスクウェアのオーナーだった宮本雅史氏のように、三十代前半で社長を退き、あとはヨット三昧という、いかにも楽しそうな人生を送る経営者が、この国にはもっと出てきてもいいのではないだろうか。

最悪なのは、自分で夢をもって起業するわけでもなく、会社がすべてと思い込んでひたすら会社にしがみつくしか能がないサラリーマンだ。

いくら会社のために身を粉にして働いているといっても、四十歳を過ぎてまだ頭角を現さないなら、その人が今後いまの会社で、突然ブレイクする可能性はほとんどない。そういう人は、「会社人間としての自分は失敗だった」といい加減認めて、定年後の第二の人生にかけたほうがいい。

別にそれは悪いことではない。会社人間で失敗しても、死ぬときに「よかった」といえればいいのだ。そういうふうに自分の軸足を、会社から人生に置き換えてみると、どういうライフワークが自分にとって理想なのかが見えてくる。

ただし、四十代までに気づくことだ。定年になって奥さんに三行半《みくだりはん》を突きつけられ、そこからようやく新しい人生を考え始めるのでは遅すぎる。それこそ蕎麦打ちくらいしか選択肢が残されていないということになってしまう。

それにしてもいま五十代の人、つまり二〇一五年ごろまでに定年退職する人は、運がいいと思ったほうがいい。何も考えていなくても、はっきりいって能力以上の給料をもらってこられたうえ、年金もまだ大丈夫だ。給付額は下がるものの、厚生年金の人は、毎月二十五万円くらいは受給できる。二十五万円あれば蓄えがそれほどなくても、また、住宅ローンが残っていなければ、そこそこの暮らしは可能だ。つまり五十代より上の人は、死ぬまで食い詰めることはないといえる。

まさに勝ち逃げできる最後の世代というわけだ。

一方、たった十年の違いでなんの恩恵も受けられず、冷や飯を食わされるのが四十代なのである。

## ○勝ち逃げ五十代、わりを食う四十代

四十代と五十代の間には、越えがたいフォッサマグナが広がっている。五十代は逃げ切れても、四十代はそうは問屋がおろさない。

私の試算だと、現在七百万人近いサラリーマンが、バブル期に取得した不動産のローンにあえいでいる。かつて六千万円したマンションが、いまや二千八百万円程度の価値しかなくなって、売るに売れず、安い物件に買い替えることもできない。

この直撃をもろに受けているのが、バブル期に三十代だった、現在の四十代なのである。

彼らより上の世代が家を購入するのは、まだバブル前で、三十五年ローンもなかったので、近郊に三千五百万円程度の物件を買うのが平均的だった。いまの三十代の世代はバブル期に、まだ不動産を買うだけの余裕がなかったのが幸いし、バブル崩壊後に安く低金利で手に入れることができたので、多額の負債を背負い込まず済んだ人が多い。

いまの四十代だけが、九二〜九三年の地価がいちばん高いときに、通勤に一時間以上もかかる物件を買わされてしまったのだ。

しかも、ローンを組んだころは右肩上がりが当たり前だった給料が、いまは上がらないどころか、下手すれば下がる時代だ。それなのに子どもの教育費だけは年々確実に増えていくのだから、家計は楽になるどころか苦しくなる一方。(住宅ローンの借り換えをキャンペーンしている) シティバンク的にいえば、明らかに多重債務者である。

あと五年購入を待てば、こんな悲惨な目にあわなくてもすんだのだから、ご愁傷様といわずにはいられない。

だがそんな彼らを、ただ運が悪かっただけと切り捨てていいのだろうか。

九〇年代前半、近い将来、不動産価格が劇的に下がることは自明のことだったのだ。その証拠に、私は九五年に「不動産はまだ下がる」という論文を発表しているし、さらにその十年前に上梓した『新・国富論』（講談社）にも、住宅価格は四分の一以下になると提言している。

こんなことは、少し考えればすぐわかることだ。重厚長大産業が消えた後の工場跡地や、農作物の輸入が自由化され農業にうまみがなくなったところに、定期借地借家法が導入され、農家がこぞって休耕地を住宅用に提供しはじめたことで、そのころからすでに、東京近郊には土地が余っていたのだ。

そしてこの事実を、政府も銀行も不動産業界も、当然知っていた。知っていながら「ゆとり返済」というローン商品をつくってまで、国民に家を買わせたのだ。つまり、このとき高値で不動産を買った人は、まんまと彼らの策略に乗せられてしまった哀れな人たちなのである。

彼らはいわば、国がゼネコンや銀行を救うための犠牲となったのだ。総量規制で不動産会社にお金が流れなくなり、このままでは多くの不動産会社が潰れ、被害は銀行にも及ぶと考えた政府は、国民にできるだけ高値で家を買わせることで、景気を回復させようとした。しかもこれだけではまだ足りず、ゼネコンや銀行には債権放棄や公的資金という反則技まで使っておきながら、ローンに苦しむ人には自己責任だといって、なんら救いの手を差し伸べようとしない。国民を政策の手段としか考えないいまの日本政府の素性がこれほどよく出ているのに、まだ気がつかずにじっとしている人が多いのだ。

そして、年金だ。

年金はすでに八百兆円の債務超過だということを、あなたはご存知だろうか。しかもこれに、国債と地方債の負債を足すと、千五百兆円となり、国民資産の千四百兆円を超えてしまっている。

この事実を知れば、いまの四十代が、すんなり年金を受け取れると考えるほうがおかしいということがわかるだろう。もしもらえても、七十歳以降であることは間違いない。しかも上の世代の年金を負担するため、保険料の負担は増える。増税も待っている。さらに住宅ローンは七十歳まで払い続けなければならない。それどころか、金融封鎖や新円発行などで、なけなしの資産を丸ごと国に召し上げられてしまう可能性すら否定できないのだ。

こう考えるとあまりにも悲惨すぎて、四十代にはかける言葉を失ってしまう。

ところが、これだけの仕打ちを受けているにもかかわらず、当事者である四十代のサラリーマンからは、まるで怒りの声があがってこないから不思議だ。

おそらく彼らはこう思っている。

「そりゃあ不満がないわけじゃないけど、自分一人が騒ぎ立てたところで、社会なんて変わりはしないし、余計なことをすれば結局、自分が損をするだけだ。給料が下がったといったって、リストラされたわけじゃなし。とにかくいまは、これまでどおり、会社や政府のいうとおりやっていれば、なんとかなるだろう」

危機感のなさと、思考停止。これが『少年ジャンプ』で育った四十代に共通する特徴なのである。

## ○マンガ本を卒業せよ

『少年ジャンプ』の発行部数は、最盛期、なんと六百五十万部を超えていた。そのとき読者の中心にいたのが、いまの四十代。だからみな、この少年マンガ誌の影響を強烈に受けている。だがそれは、あまりいい影響とはいいがたい。

まず、考え方や振る舞いに個性がない。自分と自分の周りには関心があるが、上や下の世代とは、積極的に交流をもとうとしないのだ。だからこの世代の人には一緒にカラオケに行っても、誰かが歌っているのにわれ関せずで、ひたすら膝の上に置いた歌本のページを繰って、自分が次に歌う曲を選んでいるというタイプが多い。

また、周囲に自分と同じような人間が六百五十万人もいるので、なにか理不尽なことがあっても「自分だけじゃない、みんな同じ」と安心してしまって、危機感ももてなければ、怒りも湧いてこない。

それから、自分だけ余計な苦労をするくらいなら、小さな幸せで十分というのも、少年ジャンプ世代の悪しき共通項だ。「キャプテン翼」や「キン肉マン」といった、少年ジャンプを代表する漫画には必ず、「友情・努力・勝利」という「ジャンプ三原則」が盛り込まれているのはあまりにも有名だが、おかげでそれを読んで、漫画サイズの小さな友情、小さな努力、小さな勝利で、すぐにおなかがいっぱいになるよう洗脳されてしまったようなのだ。そして、気がついたらそのまま大人になっていたという人が、四十代にはあまりに多い。

そんな彼らだから、「失敗しなくてよかった」とか、「ちょっぴり得をした」程度のことで、すぐに満足できてしまう。「駐車違反をしてもレッカーされない場所」のようなセコい情報はほしがるくせに、「駐車違反をしなくてもすむ街をつくれ」と行政に掛け合うだけのパワーや発想はない。

その点、五十代より上は、戦後の焼け野原で、マニュアルも何もないところから出発しているから、失うことを恐れず闇雲に突き進む迫力がある。

あとはとにかく、漫画で思考力が奪われてしまったのか、自分の頭で考える癖がまったくついていない。考えなくても「ドラゴンボール」の続きは、一週間経てばちゃんとわかるように、じっと待っていれば、誰かが答えを教えてくれると思っているのだ。

もっとも、これは偏差値教育の影響のほうが大きいかもしれない。学生時代に答え合わせばかりやってきているから、社会に出てもマニュアルやノウハウが大好きだし、そういうものがない場合は、すぐに教えてくれ、解説してほしいと、誰かに頼めばいいと思っている。参考書を後ろのほう（答えの載っているところ）から読む癖がついているから、答えがないと満足しない。私の本を読んでも、「『即戦力の磨き方』と書いてあるから、どうやったら磨けるのか詳述しているのかと思ったら、考え方や精神論ばかりで具体案は何も書いていない」と、アマゾンの書評欄に投書するのもこの連中である。それでこちらが懇切丁寧に解説すると、その場ではわかったような顔をするのに、翌日にはもう忘れている。「自分でやってみろ」といわれても、実はできない。その代わり、「この方法でやってみてください」というと、素直についてくる。この従順さは恐ろしいくらいだ。日本に独裁者が現われたら、一気に熱狂してしまうのもこの連中だろう。自分で批判的に考え、人と違う行動をとることができないのだ。これはほとんど染色体にまでしみ込んだ習性といってもいい。その理由は学生時代の勉強がそうだったからだ。

彼らにとって勉強とは、試験で点数をとるためのものだから、試験が終わればその瞬間に覚えていたことを、きれいさっぱり忘れていいのである。三つ子の魂百までとはよくいったもので、そういう習慣は大人になっても抜けないらしい。

「見えないものを見る」、あるいは架空の発想という、サイバー社会ではもっとも重要なことも、同じ理由で少年ジャンプ世代は、大の苦手としている。

このように四十代といえば、どこの国でも働き盛りで、いちばん排気量があるはずなのに、なぜか日本ではこの部分のエンジンがほとんどガス欠状態にあるのだ。

## ○勝ち組発想

あるとき私のところに、某国立大学の学生が尋ねてきて、将来、社会で勝ち組になるためには、いま何を勉強したらいいかと質問するので、「学生のうちに世界を放浪しろ」とアドバイスをした。そうしたら、学校はどうしたらいいのかというから、「そんなもの休めばいいじゃないか」と答えると、今度は、どうやって休めばいいのかと聞いてくる。

結局、この学生は、すでに自分はレールに乗っていると思っているのだ。せっかく乗ったレールを外れるような危険は冒したくない。リスクをとらず、いまより確実に勝ち組になれる方法を、私なら知っていて、教えてくれると思ったのだろう。

だが、この時点でこの学生は、すでに負け組への道を歩み始めていることに気づいていない。勝ち組には、「これをやって失敗すれば負け組に行くかもしれない」という発想は、そもそもないのだ。

たとえば、ソフトバンクの孫正義氏。次々と買収を繰り返しているが、これまでも、衛星デジタル放送進出をにらんで、テレビ朝日株の買占めを図ったり、光ファイバーを使ったスピードネットに参加したりと話題に事欠かない。だが、そのすべてが成功しているわけではない。衛星デジタル放送やスピードネットからはすでに撤退しているし、それ以前の、マイクロソフトと一緒につくったゲームバンクも失敗している。

しかし孫氏はまったく懲りない。これと思ったら、ものすごい勢いで突き進み、うまくいかなければ「失敗しちゃいました」と頭をかいて、次のことを考える。

彼は四十代である。「同じ世代がかったるいほうがこちらは楽だ」というのが、彼の口ぐせである。先ほどいった宮本雅史氏も孫さんと同じ歳。彼の口ぐせも「同世代がリスクをとらないから僕でも事業ができた」である。

これが勝ち組の発想であり、思考回路なのだ。間違えたらどうしようなんてことは考えない。まず動いてみて、そこから修正を繰り返し、自分なりの方法論をつくっていく。これに対して、自分の頭で考えないで、誰かにうまくいくやり方を聞こう、ノウハウを頂戴しようなどという不精なことをやっていたら、正解のない新大陸では、負け組への道をまっしぐらだ。

企業も個人も、出口の見えないジャングルにいる。どっちに行けば猛獣に出くわさずに、水や食べ物を手に入れられるかなんてことは、誰も知らない。しかし、大地は滋養に富んでいる。これが私の持つ二一世紀のイメージだ。そうすると、そこで生き残れるのは、木の皮がむけているのを見て、ここは獣道だから避けるべきだというような判断が、自分でできる人ということになる。あるいは足下の土地を見て、この土はこの果物を育てるのに向いているという勘が働き、他の人に先んじて行動を起こせる人なら、巨万の富を得ることができるのだ。

少年ジャンプ世代にも、これくらいの想像力をもってほしいものである。

## ○「値札」と「名札」を手に入れよ

逃げ切れない世代のビジネスパーソンは、否が応でもこの出口の見えないジャングルで生きていくしかない。そこで生き残るための「ジャングルの掟」は、自分で考え、発見するしかないが、ヒントだけは教えておこう。

まず、先が見えないからこそ、長期的な目標を持って、自分の人生を設計すること。とくに三十五歳を過ぎたら、いつまでに自分はこれをやるというように具体的な目標を掲げ、いまよりさらに高い次元に向かって努力をすることを、意識的かつ強制的にやらなければダメだ。

二十代のころは、会社から与えられた目標をこなしていれば、自然と力はついていく。そうしていれば入社十年、三十五歳になるころには、どんな業種や職種でも、会社で学べることはすべて覚えてしまうといってもいい。その証拠に、営業の第一線というのは、どこの会社でも十年選手が務めているし、部長、課長、係長のなかで、現場のことをいちばんよくわかっていて、しかも最先端の知識をもっているのは、決まって係長ではないか。

ところが、三十代半ばでせっかく一人前になっても、日本の会社では五十歳を過ぎるまで、力を発揮できるポストは回ってこない。それで仕方ないから三十五歳から五十歳までは、社内営業という利益を生まない不毛な活動に励んでいると、五十歳になるころには、上司にお伺いを立てないと何もできない「会社人間」になってしまうのだ。

昔はそれでよかったのかもしれないが、いまそんなことをしていたらあっという間にリストラの対象だし、そうなったとき、社内営業しかやってこなかった人間に行き場なんてない。

だから、上の世代では普通だったこのスタイルとは決別し、代わりに自分で「値札」と「名札」を手に入れるのだ。ただし「値札」と「名札」といっても、年収や肩書きのように、会社のなかだけで通用するようなもののことではない。

「値札」というのは、労働市場におけるその人の値段のことだ。いま、年収一千万円もらっているといっても、たまたま上司に気に入られて出世が早かっただけかもしれない。そうしたら、この人の「値札」に書かれた本当の金額は、一千万円よりかなり低いはずである。また、ハーバード大学でＭＢＡをとっても、そんな「名札」に価値はないが、マッキンゼーで五年間やって結果を出せば、それは確実に「値札」として評価される。

だから年収や資格のようなものは、正確な「値札」にはならない。そこで、もし自分の正確な「値札」を知りたければ、ヘッドハンターや転職アドバイザーに会って聞いてみるのがいちばんだ。あるいは、求人サイトで調べれば、自分の年齢と経歴ならどれくらいの金額でオファーがあるか、相場がわかるだろう。そうやって、常に「いま自分はどれくらいの価値があるのか」ということを客観的に知っていれば、「もっと高い値札に付け替えるには、何をどうすればいいのか」が、自ずと見えてくる。

一方、「名札」というのは、お前はいったい何ができるんだということだ。ただし、「トヨタ自動車でクルマの設計をやっていた」なんていうのは「名札」ではない。また、「自分が関わった○○○がヒットした」というのもダメ。それは組織の実績だ。そうではなく、「自分はこのクルマの足回りを担当して、ここを改良することでこれだけ性能アップに貢献しました」というように、個人で生み出した実績をいえて初めて、「名札」としてアピールできるのである。

この「値札」と「名札」は、自分が目的をもって価値を高めたり、獲得のための努力をしないかぎり、漫然と会社から与えられた仕事をこなしているだけでは、絶対に手に入らない。あるいは、会社のなかに埋もれてしまっている人ほど、自分の「値札」と「名札」がはっきりしないことになる。

逆に、誰が見てもわかる「値札」と「名札」を持っている人は、この先会社や国がどうなろうが、絶対に生きていける。ジャングルで生きていくための強力な武器になるのである。

実際アメリカのビジネスパーソンは、この「値札」と「名札」のことしか考えていない。彼らは会社も、自分に「値札」と「名札」をつけるのに利用できるかどうかで選ぶのだ。いまだに一流企業に勤めていることがステイタスだと思っている日本のビジネスパーソンとは大違いだ。

それからもう一つ大事なことがある。「自分はこれで勝負できる」というものを、一つ決めておくこと。分野はなんだっていい。その代わり、それに関しては余人をもって代えがたいくらいのレベルを目標にしなければ意味がない。

ゴルフ好きのビジネスパーソンは多いが、毎日ゴルフばかりやっているわけにはいかないだろう。ところが、タイガー・ウッズぐらいになれば、ゴルフしかできなくても食っていけるのだ。

## ○家は借りれば十分だ

私が二〇〇六年、『ロウアーミドルの衝撃』（講談社）を発刊して、読者に問いかけたメッセージは、日本人の多くがなぜ「国家の略奪」に甘んじているのか、ということだ。

今後、ロウアーミドル（中流の下）が豊かに暮らすポイントは、「国家の略奪」から自衛するための投資と、人生の見直しである。まず三十代のうちに計画することが大事で、自分の十年先輩、二十年先輩の姿は格好の反面教師だ。

二〇〇七年以降、団塊の世代が大量に引退する。彼らの悲劇は、人生設計を本気で考えずに定年まで来てしまったことだ。彼らを観察すれば、ロウアーミドルの賢い生き方が見えてくる。

まず考えることは、「隣が何をやっているか」でなく、「自分の人生」を独自に設計すること。もう一つは、家族で設計を行うこと。奥さんの望んでいる生き方とは何か、子どもの教育に何が要らないか、などについて価値観を共有しなければ、待っているのは「熟年離婚」と「一家離散」である。

ロウアーミドルに意識調査をすると、多くの人が「ゆとりがない」と答える。だが、彼らは往々にして「使わなくてもいいこと、しなくてもいいこと」にお金を費やしている。その最たるものが、「持ち家」だ。

この二十年来、私が一貫して主張してきたのは「生活者主権の国づくり」だった。ところが、政府はゼロ金利で国民（預金者）から金利を奪い、銀行を救済。公共工事の財源がなくなると、住宅金融公庫の「ゆとり返済」など住宅ローンを乱発し、サラリーマンを騙して住宅を買わせ、景気対策に協力させた。

バブル期のサラリーマンは、通勤一時間の圏内に家が買えないので、通勤一時間半の埼玉県や千葉県に持ち家を建てた。値段は安いが、代わりに犠牲になったのが身体である。往復三時間も満員電車で通勤すれば、定年後の余力はゼロだ。

持ち家を買ったサラリーマンの多くが、三十五歳で三十五年ローンを組んだ。完済は七十歳。彼らは「昇進と昇給は当たり前」という前提でステップアップローンを組んだが、その前提が崩れてしまった。定年を過ぎてローンを払う当てもない。

ロウアーミドルへの提案は、「家を買う」という発想を諦め、「賃貸」を選択肢に入れることだ。賃貸住宅で暮らせば、断然持ち家より格安だ。昔なら住宅は資産で投資の対象だったが、利回りが二%に満たない現状では意味がない。さらに悲惨なのは、住宅ローンの支払いが主として金利の返済に消え、十年後も元本があまり返済されずに残ってしまう事態だ。五千万円の家なら四千万円が依然として負債として残っており、その時点で地価が半値なら、売却したとたん二千万円の債務超過者になってしまう。

家を買うのは、結婚よりもリスクが高い。結婚なら離婚すればすむが、家は一度ローンを組むと、三十五年間、借金が亡霊のようにまとわりつく。一度、賃貸と決めてしまえば、そうした苦労とは一生、無縁でいられる。

家についてはもう一つ、見直すべきことがある。いま勤めている会社を中心にコンパスで円を描き、通勤三十分圏内を出してみればよい。これを住宅情報誌に付いているような、沿線別の家賃マップと見比べる。すると、日本人の土地に関する価値観がいかに偏見に満ちているかがわかる。

東京の大手町に自分の会社があるとして、家の場所を「会社から東」で探す人と「会社から西」で探す人では、西のほうが多く、地価も高い。西というのは山側、つまり「山の手」である。

しかし世界的に見ると、人気がある物件は山側より海側である。「山の手信仰」さえ捨てれば、安くて住みやすい家はいくらでもある。海寄りの水天宮、木場、東陽町なら、通勤時間十五分圏内で十万円台の住宅を借りることもできる。同じく海側にある中央区の勝ち鬨、江東区の豊洲でもハイクオリティのマンションが建ちはじめており、二十年後は高級住宅街になっているだろう。

仮にローンを組む場合も、金額の目安は年収の五倍までに抑える。欧米ではこれ以下が相場で、年収四百万円で四千万円の家を買おうとするから、無理が生じる。

また賃貸住宅のよい点は、意思決定が自由な点だ。会社の倒産やリストラなど、状況が変われば契約を解除して「さようなら」。突然の転勤でも後悔しない。これは人生に余裕をもたらす。

さらに都会で生活しているかぎり、住宅以上にもつ必要がないのがクルマだ。都内なら電車で用は足りるし、自転車でも行けない場所はない。ワンボックスカーに乗って毎日通勤する人は、大きなクルマは「週末に母親を郊外に連れていくため」というが、そんな機会は年に二、三回程度だろう。レンタカーを使えば、通勤は軽自動車で十分。家族と乗るクルマは、友人に年十万円の契約で必要なときに借りられるようにすれば、互いに無駄もなくなる。

## ○アメリカ型社会がやってくる

人間には、自分の人生を「賭ける」転機が必ずやってくる。そのとき、すでに家やクルマに全額賭けてしまった人は、自らチャンスを捨てている。うっかり持ち家を買ったばかりに、出世に繋がる転勤や海外生活を見送った人などがそうだ。

人生にはフレキシビリティが重要だ。五年後、十年後の社会を正しく言い当てられる人はいない。唯一予想できるのは、無条件の昇進・昇給時代の終わりと、アメリカ型社会の到来である。

アメリカでは三十代が給料のピークの人もいれば、四十歳から増える人もいる。それで彼らが貧乏かといえば、まったく違う。たとえばGEなどになると、原子力施設のメンテナンスなど、完全な後方支援業務で昇進・昇給がない社員でも、カリブ海の別荘へバカンスに行っている。

その理由は、401kを中心とする年金資金の運用である。ジャック・ウェルチ氏が会長をやっていた十八年間でGEの株価は三〇倍近くになっている。これを401kに半分でも組み込んでいた場合一千万円もらうはずだった予想退職金が最低でも二億円近くになっている。ハッピーリタイアメントである。ゼロ金利にじっと我慢している国民を見たらあきれるに違いない。

レーガン政権の八〇年代後半、アメリカ人は資産運用の勉強に励み、六十代も三十代の人も年金運用が最大の関心事だった。その流れは現在も残り、CNBCやFOX、ブルームバーグは完全な「投資家向けチャンネル」となっている。

二〇〇三年に日本のコニカとミノルタが経営統合した際、「『コニカミノルタ』は買いか」が日常会話だった。フィンランドの携帯電話メーカー、ノキアも株主の半分は外国人で、ノキア株で儲けたアメリカ人は掃いて捨てるほどいる。トヨタの販売台数がGMを抜いて一位になった際も、貿易摩擦時のように文句をいわず、「GMが駄目ならトヨタを買おう」という反応だった。彼らの所得は国の政策とはいっさい関係なく、自立している。だからグローバル化を「懐」で実感できるのだ。

職住接近で借家にしてクルマを買わなければ、五千万円は浮く。そのお金を資産運用に回せば、定年後の心配はない。通勤で体力を消耗しないから、週末をゴロ寝で過ごすこともない。家の代わりにウィークエンドハウスを買って週末を過ごすことも可能だ。長野県や埼玉県の土地なら、一千二百万円も出せばお釣りが来る。

土地を買わず、二十年ほどの借地契約にすればさらに安い。私の友人は長野県の入傘山付近の農家を四百万円で購入しキッチンと風呂、トイレをリフォームし快適な別荘に仕立てた。埼玉県の秩父にウィークエンドハウスを持ち、西武鉄道の特急レッドアロー号を使い、月曜の朝に東京に出社する。そんな生活をすれば、間違いなく人生観が変わる。

覚えておいてほしいが、こうしたライフスタイルは世界標準だ。ニューヨーク、ロンドン、パリ、モスクワなど大都市のサラリーマンは、都心から離れた場所にウィークエンドハウスを持っている。

老後を考えたときも、下手に家など持たないほうがよい。家があるというだけで、都会から通勤一時間半の場所に住むのは非合理だ。老後は温暖な海辺で暮らし、孫が「ここなら遊びに来たい」と思うような場所に住みたい。嫁と姑の喧嘩のために建てるような二世帯住宅など、論外だ。

都心に小さなアパートを借り、週末をそこで過ごすのもよい。サラリーマンのいない都心は、平日とはうって変わった静けさがある。コンサートや展覧会巡り、美味しい店の食べ歩きといった、都心ならではの楽しみがある。私は夫婦で神楽坂にある十軒のフランス料理店巡りをしているが、これが楽しい。六本木ヒルズに住むのが成功の証ではないし、私にいわせれば、ヒルズ族に憧れるのは田舎者である。人と同じことをしていると、ライフスタイルはより「ロウアー」になっていく。

## ○好きなように人生を生きる

そもそも、ロウアーミドルの所得水準は世界的に見て本当に「貧しい」のか。年収四、五百万円というのは、世界的に見ればむしろアッパーミドル。にもかかわらず豊かな暮らしができないのは、政府の怠慢と、個人の消費の仕方に問題がある。お金の使い先を変えれば、「国家の略奪」に抵抗することは可能だ。

モスクワから二時間程度のところに、ボルガ川が流れている。その川沿いに、週末を過ごすウィークエンドハウスで有名な集落がある。家はさほど高級ではなく、バンガローのようだが、風光明媚な場所で、釣りをしたり仲間で語らってバーベキューなどを楽しんでいる。これが、日本の給与所得の十分の一の国民の暮らしだろうか。

日本のロウアーミドルが貧しい原因の一つは、本当に好きなことがないからだ。私はスノーモービルが趣味で、世界でもトップクラスのポラリスというマシンを使っているが、別に金持ち趣味で乗っているわけではない。東京での移動は電車を使い、田舎にスノーモービルを置いておいたほうが、よほど贅沢な気分が味わえる。

スノーモービルの同好者と山中で会うと、彼らもかなりのマシンを持っており、技術も高い。職業を聞くと、左官業や除雪車の作業員などで、サラリーマンにはまずお目にかからない。

彼らに「ロウアーミドルの生き方」を聞くほど馬鹿げたことはない。スノーモービルに乗るのに、収入の多寡など関係ない。サラリーマンの多くは周りの目を気にしながら、好きなこと一つ見つけようとせず、家とクルマに無駄なお金を費やしているだけ。私がスノーモービルやトライアルバイク、スキューバが趣味だというと、「お金持ちは違いますね」とか「変わった趣味をお持ちですね」といわれる。だが私にいわせると、三百万円のクルマに比べれば、百八十万円のスノーモービルや三十万円のバイクほど安い買い物はない。

要は、偏見と「人並み」志向さえなければ、ロウアーミドルでも〝贅沢〟はできる。

日本の八〇％を占めるロウアーミドルおよびロウアークラスの人々、すなわちマジョリティが世界的に見れば現在の給料でも十分にアッパーミドルの暮らしができる、ということを十分理解してもらえたと思う。

私は二〇〇六年を「負担増元年」と呼んでいる。だからこそ人生をどう生き、何にお金を使うかを真剣に考えなければならない。自分が何もしなければ、国家に収奪されるだけ。「社員は絞りとるもの」と思っている社長や「予算が足りないから税金を取ろう」という役人の国で生きるには、徹底した防衛策を取ることだ。「生活の質を上げてもコストが下がる」ように国が考えてくれないなら、自分たちでそういうライフスタイルを選択し、作り出さなくてはならない。逆に多くの人がそうすることによって日本でも初めて消費の爆発的増加が生まれるのである。そのための原資はほとんどすべての人が蓄えとして、あるいは年金や退職金の形で持っている。それを墓場まで持っていくのか、生きている間に好きなように人生を生きるために使うのか、それが問われているのである。

## ○この国にはアップサイドしかない

二〇〇四年の『労働白書』によると、日本には、就職も就学もしていない「ニート」と呼ばれる若者が、およそ六十四万人もいるそうだ。

国は彼らにいかにして勤労意欲を持たせるかに、躍起になっているようだが、なにも彼らはロシアのように、無理やりニートにさせられているわけではない。自分の意思でニートという生き方を選択しているのだから、国家はそれを尊重して放っておけばいい。

ミルトン・フリードマンもいっているが、政府は国民が人間としての尊厳を損なわないための、最低限のことだけをやればいいのであって、必要以上の福祉や不平等の解消は、むしろ国民を不幸にするのだ。

だいたい、憲法が国民の文化的で健康的な生活を保障してくれていて、働かなくても餓死や行き倒れの心配などまずない生活保護の行き渡った国で、ニートをやっている若者のいったいどこが不幸なのか、私には理解できない。

ニートやフリーターのような低所得者層が増えると、治安の悪化など社会不安を引き起こす要因になると心配する人もいるが、それは二つの方法で対処できる。警察力の強化と教育だ。

アメリカは建国以来、伝統的に前者のやり方をとり続けている。銀行のATMはコンクリートの壁に埋め込み、爆破されて中身を盗まれるのを防ぐ一方、銃の脅威により犯罪を抑止する。だが、力で押さえ込むことが根本的な解決策にならないのは、皮肉にもアメリカの高い犯罪発生率が証明している。

片や日本には、教育によって国の秩序を維持してきた歴史がある。戦後の混乱期ですら、国土が無法地帯になることなく、国民が粛々と復興に励むことができたのは、まさしく明治以降の教育の賜物だ。だから、いまもし社会不安が増しつつあるというのなら、それは経済格差が原因というより、むしろ近年の教育に問題があると考えるべきだろう。ただし教育というのは漢方薬なので、効果が出るまである程度時間がかかる。その間は国民一人ひとりがセキュリティレベルを上げて乗り切るしかない。

早急に教育改革が必要な理由はもう一つある。二十代で国際的に通用する実力を身につけ、三十代で社長というタイムスケールが、いまやビジネスパーソンの世界標準となっているという話を最初にした。それなのに、日本だけは相変わらず、四十代で課長、五十代で事業部長という、時間軸が世界から二十年遅れたエスカレーターにうまく乗れる人材を育てようとしている。これでは、世界に通用する人間が生まれようがないし、エスカレーターに乗り損ねた人は、希望を絶たれ、ニートになるのも致し方ないではないか。

ではどうすればいいか。エスカレーター教育を即刻やめて、代わりに自分の足で高く跳べる人間を育てる方向に教育をシフトするのだ。考えてみれば日本人が終身雇用で安定した生活を目指すようになったのは、せいぜい高度成長期からで、それ以前はこちらのほうが主流だったのだ。だからそのころの日本には、松下幸之助や本田宗一郎のような、三十代で経営者となる人間が続々と誕生したのである。

しかもこの国では、たとえ失敗して失業保険や生活保護の世話になるようなことになっても、インドの中流階級以上の生活が憲法で保障されている。つまり、日本にはアップサイドしかないのだから、安心して跳べばいいのだ。

みながどれだけ高く跳べるかを競う社会になれば、そのときはニート問題など自動的に解決していることだろう。

そして、十万人が高く跳んだら、そのときこの国は、確実に変わる。

## ○将来設計はいますぐ始めよ

二〇〇五年より、いよいよ人口が減少に転じ、少子高齢化が深刻な問題になると世間は騒いでいるが、実際は二〇二〇年の段階で、日本の平均年齢（中位年齢）は五十歳を超えて、高齢化どころか高齢社会に突入するのだ。

だが、今後さらに少子高齢化が進んでも、それほど心配することはないと私は思っている。なぜなら、少子高齢化が原因で起こるだろうといわれている諸問題には、すべて対応策があるからだ。

まず労働力の不足だが、これは生産拠点を海外に移せばそれですむ。たとえば、人口七千万人で中位年齢が二十四歳のトルコのように、若い労働力が豊富な国は世界中にいくらでもあるのだから、そういうところに工場をつくって、働き手を確保すればいい。

そのほうが、「子育てに自信がないから産みたくない」といっている日本の女性に、猪口邦子内閣府特命担当大臣が頑張って、国策で無理に子どもをつくらせ、その結果、将来のニートを量産するよりも、よっぽど国のためだと思うのだが、いかがだろう。

それに市場の縮小も、マーケットを海外に広げることでクリアできる。ノキアはフィンランドの代表企業だが、世界を相手に商売をしているから、国内の売上はわずか一%。これがボーダレス企業の実態なのである。福岡の会社なら、「東京と距離の変わらない大連や上海も、自分たちの市場だ」と考えればいいのだ。

ところが、介護のようにどうしても国内に人が必要な仕事もある。この場合は移民を受け入れればいい。フィリピンの看護師や介護士免許が、そのまま日本でも通用するようにするだけで、この問題は一気に解決するだろう。

あるいは、かつてのシルバーコロンビア計画ではないが、歳をとってリタイアしたら、積極的に海外に移住するという手もある。お勧めはなんといってもミャンマーだ。いまはまだ軍事政権が続いているが、やがて民主化が進めば、これほど暮らしやすい国はないはずだ。なにしろ物価が安い。メイドの給料が月二十五ドルだから、そこそこの蓄えがある日本人なら、三人は雇える。これなら介護の心配もないし、何不自由ない老後が送れるというものだ。少なくとも逃げ切り可能な五十代より上の世代に、介護の心配は無用ということだ。

しかし、どうにもならない問題もある。少子高齢化による年金制度の破綻だ。これについては、いまの四十代より下の世代がもろに被害を受けるのは避けられないと、本書でもすでに警鐘を鳴らしておいた。もっとも、こんなことはすでに十年以上も前からわかっていた。だから私は十八年も前の平成元年に「平成維新」を掲げて、九五年には都知事選と参院選に立候補したのに、彼らは投票所に足も運ばなかったのだから、気の毒というよりむしろ悔い改めろといいたい。

まあでも、自分たちの年金原資のために子どもをつくって働かせようという発想は、どう考えても前向きではないと思わないか。とにかく、いまさら文句をいっても始まらない。そんな暇があるなら、国の保護をあてにしない将来設計を、いまからじっくり練っておく。そして、日々爪を研ぎ、即戦力としての実力を身につけ、自分の人生設計だけはアウトソースしないで、職場では虎視眈々と出番をうかがっていればいいのである。

PHP
Business Shinsho

**大前研一**（おおまえ・けんいち）
1943年、福岡県生まれ。早稲田大学理工学部卒業後、東京工業大学大学院で修士号、マサチューセッツ工科大学大学院で博士号を取得。（株）日立製作所原子力開発部技師を経て、1972年、マッキンゼー＆カンパニー入社。日本支社長、本社ディレクター、アジア太平洋地区会長を務める。現在、大前・アンド・アソシエーツ代表取締役、ビジネス・ブレークスルー代表取締役。2005年4月に遠隔教育法によるMBAプログラム（ビジネス・ブレークスルー大学院大学）を開講、学長に就任。経営コンサルタントとしても各国で活躍しながら、オーストラリアのボンド大学、韓国の梨花女子大学や高麗大学でも教鞭をとる。
著書に『企業参謀』（プレジデント社）、『新・資本論』（東洋経済新報社）、『ザ・プロフェッショナル』（ダイヤモンド社）、『ロウアーミドルの衝撃』（講談社）など多数。

PHPビジネス新書 001

下剋上の時代を生き抜く
即戦力の磨き方

2006年5月8日　第1版第1刷発行
2006年6月19日　第1版第5刷発行

著者　大前研一
発行者　江口克彦
発行所　PHP研究所
東京本部　〒102-8331　千代田区三番町3番地10
ビジネス出版部　☎03-3239-6257（編集）
普及一部　☎03-3239-6233（販売）
京都本部　〒601-8411　京都市南区西九条北ノ内町11
PHP INTERFACE　http://www.php.co.jp/
装幀　齋藤稔
組版　朝日メディアインターナショナル株式会社
印刷所
製本所　共同印刷株式会社


ISBN4-569-64894-0

# 「ＰＨＰビジネス新書」発刊にあたって

わからないことがあったら「インターネット」で何でも一発で調べられる時代。本という形でビジネスの知識を提供することに何の意味があるのか……その一つの答えとして「**血の通った実務書**」というコンセプトを提案させていただくのが本シリーズです。

経営知識やスキルといった、誰が語っても同じに思えるものでも、ビジネス界の第一線で活躍する人の語る言葉には、独特の迫力があります。そんな、「**現場を知る人が本音で語る**」知識を、ビジネスのあらゆる分野においてご提供していきたいと思っております。

本シリーズのシンボルマークは、理屈よりも実用性を重んじた古代ローマ人のイメージです。彼らが残した知識のように、本書の内容が永きにわたって皆様のビジネスのお役に立ち続けることを願っております。

二〇〇六年四月

ＰＨＰ研究所